KB076213

직업, 사랑, 우정에 관한 아들러 심리학 해설

전망 좋은 인생

직업은 삶을 유지시키는데 가장 중요한 것이다.
사랑은 개인에게 용기를 요구한다.
타인에 대한 관심은 문제이해를 위한 노력이다.

아이북스

365일 독자와 함께 지식을 공유하고 희망을 열어가겠습ㅣ다.
지혜와 풍요로운 삶의 지수를 높이는 아인북스가 되겠습니다.

전망좋은인생

초판 1쇄 인쇄 2015년 06월 03일
초판 1쇄 발행 2015년 06월 11일

지 은 이 A.아들러
옮 긴 이 김지숙
펴 낸 곳 아인북스
펴 낸 이 정유진
등록번호 제 2014-000010호
주　　소 서울시 금천구 가산디지털로 98
　　　　　(가산동 롯데 IT캐슬)2동 B218호
전　　화 02-868-3018
팩　　스 02-868-3019
메　　일 bookakdma@naver.com

ISBN 978-89-91042-55-1 03180
값 12,000원

* 잘못 만들어진 책은 바꾸어 드립니다.

직업, 사랑, 우정에 관한 아들러 심리학 해설

전망 좋은 인생

직업은 삶을 유지시키는데 가장 중요한 것이다.
사랑은 개인에게 용기를 요구한다.
타인에 대한 관심은 문제이해를 위한 노력이다.

A. 아들러 지음　**김지숙** 옮김

아이북스

개인 심리학의 미래

개인 심리학의 미래

알프레드 아들러 (Alfred Adler)

♛

내가 개인 심리학의 미래를 다음과 같은 단어들로
전망하려고한지는 20년 정도 되었을 것이다. 이 시
대의 어린 아이라고 할 수 있는 개인 심리학은 사
상과 시, 그리고 인류의 꿈에 영속적으로 영향을 줄
것이다. 개인 심리학은 계몽된 수많은 제자들을 매
료시킬 것이고, 이 분야의 선구자들을 제대로 알지
못하는 이들 또한 그 매력을 느낄 것이다. 몇몇은
개인 심리학을 이해할 테지만, 잘 이해하지 못하는
이들은 더 많을 것이다. 개인 심리학을 지지하는 사
람들이 많겠지만 반대자들은 여전히 더 많을 것이

다. 내용의 평이함 때문에 많은 사람들이 개인 심리학을 너무 쉽다고 생각하겠지만, 개인 심리학을 잘 아는 사람들은 이것이 얼마나 어려운지 곧 알아차릴 것이다. 돈이 많은 것도 아니고 지위가 있는 것도 아닌 사람들이 개인 심리학의 추종자가 될 테지만, 그들은 반대자들의 실수에 만족감을 얻을 것이다. 개인 심리학은 이상적 공동체 건설이라는 목적을 위해 자신이 가진 지식을 이용하는 이들과 그렇지 않은 이들을 구분 지을 것이다. 개인 심리학은 추종자들에게는 인간 내면의 그 어떤 구석이라도 파악할 수 있는 날카로운 시각을 제공할 것이며, 어렵게 얻어지는 이 능력이 인류의 발전에 이바지할 것이다.

이 책의 저자는 개인 심리학 분야에 이름을 올리기 적합하다고 할 수 있다. 그의 삶, 그의 작업, 그리고 그의 첫 번째 책인 Psychic Impotence(S. Hirzel, Leipzig 출판)가 개인 심리학, 협력을 향한 열정, 그리고 전문화된 지식의 수용으로 특징지어지는 그의 사고방식의 증거들이다. 저자의 이 새로운 책이 어둠에 가려져 헤매던 많은 사람들의 마음의 비밀들을 밝은 빛에 드러내줄 것이다.

전망 좋은 인생

인간 공동체의
세 가지 과제

인간은 혼자서 생존하도록 만들어지지 않았다.

인류는 동족과 가까운 관계를 맺어왔다.

사회는 개인의 성격발달에 중요하다.

성격과 행동은 경험에 의해 결정된다.

공동체는 개인에게 세 과제를 설정해 놓는다.

과제의 성패는 공동체 의식에 달려있다.

공동체 의식은 주관적으로 표현된다.

공동체 의식은 공헌하고자하는 의지로 표현된다.

굴복하지 않는 사람은 성공한다.

공동체 의식은 능력의 표현이다.

인간 공동체의
세 가지 과제

♛

무엇이 인간의 특성을 형성하는가? 무엇이 인간처럼 행동하도록 만드는가? 어떤 힘이 인간 정신의 작용들을 좌우하는가? 이 의문점들은 심리학이 해답을 찾아내려고 할 때 하는 기본적인 질문들이다. 따라서 현재 많은 사람들이 그 질문들을 탐구하고 있고 너무 많은 이론들이 존재하고 있다. 그래서 우리는 쉽게 혼란스러움을 느끼기도 한다. 이들 중 몇몇은 각 개인의 삶이 선조들의 경험과 욕구에 의해 결정된다고 생각한다(융Jung). 다른 이들은 정신을 매우 다양한 본능, 다양한 형태의 성적인 본능들이 충돌하는 전쟁터라고 여기기도 한다(프로이드의 정신분석 Psycho-Analysis of Froeud). 많은 이들은 가장 복잡한 행동 패턴들이 습관에 의해 형성되고 유지된다고 본다. 이 패턴들은 어떤 특정한 반응 메커니즘에 의해 발생하는 무의식적인 행동들이라고 본다(베흐테레브의 반사학 The Reflexology of Bechterev). 또 다른 이들은 인간의 모든 기능은 단순히 주변 환경의 결과물에 불과하다고 생각한다. 그 환경은 인간의 행동을 지시하는 교육이라는 매개체를 통해 습득시키고, 그것이 결과로 나타나는 것이라고 여긴다(왓슨의 행동주의 The Behaviorism of Watson). 심리현상들의 해석을 위해 또 다른 수많은 이론들이 서로 다른 선구자들에 의해 발전되었다. 알프레드 아들러가 말하는 개인 심리학의 주된 생각은 인간 사회의 중요성에 대한 인식이다. 그것은 개인 특성의 발전을 위한 것일 뿐만 아니라, 인간의 모든 행동과 감정의 근원을 찾기 위한 것이기도 하다.

인간은 혼자서 생존하도록 만들어지지 않았다.
자신과 같은 존재들과 친밀한 교류 없이는 살아갈 수 없는 종들이 있다. 인류가 그 종에 속한다. 자연은 인간을 혼자서 생존할 수 있도록 만들어놓지 않았다. 인간은 다른 동물들이 생존을 위해 투쟁하는 것과 같은 방식으로 생존하지 않는다. 인간은 날카로운 이빨, 강한 신체적 힘, 강력한 발톱과 같은 공격을 위한 무기들을 가지고 있지 않다. 또 엄청나게 빠르거나, 눈에 잘 띄지 않게 몸을 숨기거나, 작은 것을 이용해 자신을 방어해내지도 못한다. 인류는 무리를 지어 사는 다른 동물들처럼 생존을 위해 무리를 형성한다.

새들이 생존을 위해 무리지어 함께 살고, 짝을 지어 새끼를 기르며, 긴 비행 등의 어려운 일을 하기 전에는 반드시 떼를 지어 모인다는 사실은 이미 잘 알려져 있다. 이처럼 약하고 방어력이 그다지 강하지 않은 동물들은 더 나은 방어력을 구축하기 위해 무리를 이룬다. 공동체를 형성하는 것은 생존을 유지하는 데 매우 효과적인 방법이다. 그래서 생물들에게 자주 채택되곤 한다. 하지만 이것이 유일한 방법은 아니다. 이와 같이 공동체를 이루어 생활하는 동물들 또한 때때로 홀로 생활하면서 생존을 이어가는 모습을 노출시키기도 한다.

인류는 동족과 가까운 관계를 맺어왔다.

우리들 대부분은 오늘날 인간이 동족에게 의지하고 있는 정도가 어느 정도인지 충분히 생각하고 있지 않다. 우리는 단지 매일 고용되는 수천 명의 노동자들을 생각하거나, 의식주를 해결하는 데, 그리고 일상을 살아가는데 필요한 수천 가지의 필수품들을 만들기 위해 얼마나 많은 사람들이 협력하는지를 고려할 뿐이다.

수 세기 동안 인류는 동족인 인간들과 매우 가까운 사회적 관계를 맺으며 살아왔고, 스스로를 노동의 분배와 상호협력 시스템에 적응시켜왔다. 유아기의 어린 아기는 세상에서 가장 무방비상태의 생명체이다. 어린 아기는 도움 없이는 먹을 것도 찾을 수 없고 혼자 걸을 수도 없다. 아기는 모든 일들을 다른 사람들의 협력에 의존한다.

사회는 개인의 성격발달에 중요하다.

이제 매우 긴밀히 맺어진 공동체 안에서 살아가는 것이 개인의 성격을 형성하는 데 어느 정도까지 영향을 미칠 수 있는가 하는 의문이 생긴다. 프로이드의 정신분석에서 말하는 것처럼 현실에서 인간의 본능은 친밀한 사회적 관계들에 그저 불충분하고 불완전하게 적용될 뿐이다. 그리고 인간의 정신은 공존할 수 없는 욕구들에 매우 많이 휘둘린다. 그런데 그 욕구들이란 공동체에 적응하고자 하는 욕구와 선천적인 본능의 욕구들이다. 그럼에도 불구하고 우리는 관찰 결과 인간들뿐만 아니라 동물들 사이에서도 친밀한 사회적 관계가 그 종의 본성과 특성에 결정적으로 영향을 준다는 것을 알았다. 심지어 몇몇 개체로 하여금 반기를 들 수 있게 하기도 한다. 보통은 거부할 수 없는 것으로 드러난 본성의 법칙에 말이다. 이것은 사회적 관계에서 수반되는 서로 다른 이들의 주장들을 매우 섬세하게 조정하면서 이루어진다. 모든 살아있는 생물들은 생명을 즉, 삶을 유지하려는 강박관념을 느낀다. 이로 인해서 음식을 찾고, 종족을 번식시키고자 하는 열망을 가지게 된다. 그리고 성관계에서 종족 번식에 대한 열망을 성취한다. 그러나 인간은 어떤 특정한 상황들에서 선천적인 본성을 따르기를 거부하기도 한다. 아이들은 스스로 굶는 방법을 선택할 수도 있다. 만약 그것이 부모들과 대립하는 상황에서 아이들이 취할 수 있는 최선의 방법이라면 말이다. 죄수들은 시위의 한 형태로 굶기도 한다. 성관계를 피하기를 원하는 수많은 사람들은 성적인 모든 욕망을 억누른다. 인간은 선천적인 본능들을 길들여왔다. 그리고 그 본능들을 주변 환경에 대한 태도보다 경시해 왔다. 그리고 우리는 그 예를 벌들에게서 찾아볼 수 있다. 그 방면에서는 벌들이 인간보다 더 뛰어나다는 성적 본능은, 자연의 모든 영역에서 가장 강력하고 지배적인 본능이다. 그럼에도 불구하고 벌들은 그것을 정교하게 규격화된 기능으로 바꿔낸다. 성적 본능이 어느 순간에든 공공의 복지에 부합되도록 규제를 만드는 것이다. 벌들은 수컷이나 암컷을 마음대로 결정해 낳도록 명령할 수 있다. 뿐만 아니라 성적 기능을 몇몇 특정한 개체들에게 할당하고, 나중에 그들로부터 유충을 얻기도 한다. 그러므로 심지어 가장 친밀한 공동사회에서 살아가는 것으로 알려진 벌과 같은 생명체들도 일반적으로 유효한 생물학적인 법칙을 뒤바꿀 수 있음을 알 수 있다. 이것은 인간에게 있어서 개인의 성격발달에 사회가 중요하다는 알프레드 아들러의 시각을 뒷받침하는 한 예이기도 하다.

성격과 행동은 경험에 의해 결정된다.

사람들을 관찰해 본 결과 그들의 성격과 행동은 각
개인이 자라온 공동체에서 접하게 된 경험들에 의
해 결정되었다. 우리는 왓슨의 행동주의를 통해서
이 부분에 접근할 수 있다. 그에 따르면 인간은 단
지 주변 환경에 의해 생산되는 결과물일 뿐이다. 그
러나 좀 더 깊이 살펴보면 환경의 영향 말고도 고
려해봐야 할 아주 중요한 상황이 남아 있다. 사람들
은 같은 경험과 영향에 대해 서로 다른 방향으로
반응한다. 사고방식은 어린 시절에 일찍이 형성된
생각들에 의존해 받아들여진다. 환경은 확실히 결정
적인 요인이다. 그러나 이 환경은 개인의 실제 환경
이 아니다. 그저 그에게 주관적으로 나타나는 것이
다. 그러므로 성격의 발달을 결정짓는 요인은 환경
의 영향이 아니라, 개인이 환경에 대해 취하는 태도
라고 볼 수 있다. 인간은 자신 특유의 행동 즉, 자
신의 특성을 오로지 반대 또는 지지, 부정 또는 긍
정, 수락 또는 거절이라는 방식으로 발전시킨다.

공동체는 개인에게 세 과제를 설정해 놓는다.
제멋대로인 환경에 스스로를 적응시키고 싶어 하는

욕구는 모든 인간이 내면에 선천적으로 가지고 있는 공동체 의식으로 표출된다. 그 뿌리는 깊게 몇 세기를 거슬러 내려간다. 그러나 모두에게 공통적이고 선천적인 이 사회적 특성은 문명화된 성인이 살고 있는 공동체의 복잡한 요구들을 충족시켰을 때에만 발전될 것이다.

인간 공동체는 모든 개개인에게 세 가지 과제를 설정해 놓는다. 유용한 일을 해내는 업무, 동료와 친척들과의 사회적 관계를 포용하는 친목, 성별이 다른 두 인간 사이에 존재할 수 있는 관계 중 감정적으로 가장 강하게 묶여있으며 가장 친밀한 조합인 사랑이 그 세 가지 과제들이다.

과제의 성패는 공동체 의식에 달려있다.

이 과제들은 인간의 모든 욕망과 활동들을 수용한다. 인간이 겪는 모든 고통들은 이 과제들을 복잡하게 만드는 어려움에서 발생한다. 이 과제들을 성취할 가능성은 개인의 능력이나 지성에 달려있지 않다. 훨씬 열등한 능력을 가진 사람들이 성공하는 영역에서, 상대적으로 매우 뛰어난 능력을 가진 사람들이 실패하기도 한다. 이것은 모두 공동체 의식에

달려있다. 공동체 의식이 더 발달되어 있을수록, 개
인과 인간 공동체 사이의 관계가 더 행복할수록, 세
가지 과제가 더 성공적으로 충족되고 개인의 특성
과 성격이 더 균형 있게 나타난다.

공동체 의식은 주관적으로 표현된다.

공동체 의식은 다른 사람들과 무엇인가를 공유하는
것과, 그들 중의 하나가 되는 것을 자각하는 데서
주관적으로 표현된다. 모든 인간은 외부적으로 차이
점들이 있음에도 불구하고, 근본적으로는 서로가 다
르지 않다는 것이 느껴질 때만, 비로소 협력의 능력
을 발전시킬 수 있다. 그러므로 인간의 협동능력은
공동체 의식의 발달을 측정하는 매개체로 인식될
수 있다.

특정한 예가 이 상황을 좀 더 분명하게 시각화 하
는데 도움을 줄 것이다. 한 남자가 한 그룹, 한 동
호회, 한 정당, 또는 다른 어떤 단체의 일원이 되었
다 하자. 그의 공동체 의식은 그가 가진 구성원으로
서의 의식에 의해 주관적으로 표현된다. 객관적으로
표현된 것은 그가 살면서 얼마나 많이 협동할 수
있는가를 보여줄 것이다. 그의 공동체에 대한 감정

은 그가 얼마나 빨리 자신을 다른 사람들과 연결시
키는지, 스스로를 어느 정도까지 다른 사람들에게
적응시키는지, 다른 사람들의 감정에 얼마나 다가갈
수 있는지, 또 그들을 얼마나이해할 수 있는지를 결
정짓는다. 자신만을 생각하는 사람은 즉, 자신의 위
엄과 자신이 하고자 하는 것을 완고하게 지키려고
하는 사람은, 지인과 친구들의 주변에서 문제를 일
으킬 것이 분명하다.

공동체 의식은 공헌하고자하는 의지로 표현된다.
좋은 동료의 특성 중 하나는 협동하려는 태도이다.
이 태도는 어려운 상황들에서 매우 엄격히 시험받
는다. 대부분의 사람들은 모든 것이 그들이 좋아하
는 방향으로 흘러가는 한 기꺼이 완벽하게 협력할
의지를 가진다. 마음이 잘 맞지 않는 상황에서는 좋
은 동료로 남기가 더욱 어려워진다. 만약 한 사람과
공동체를 묶는 연대가 약하다면, 그가 좋아하지 않
을 만한 어떤 일이 일어났을 때, 그는 쉽게 떠나갈
것이다. 구성원으로서의 감정이 강할수록 공동체에
남으려 할 것이다. 비록 그가 바라는 것들을 실행할
수는 없어도 더 충실하게 공동체에 남을 것이다. 우

리는 어떤 조건들이 우리의 바람들에 합치되는지 절대 알 수 없다. 그것이 우정인지, 가족인지, 사랑인지, 또는 업무인지 말이다. 그러므로 우리는 머지않아 위기의 상황들에 뛰어들 의무가 있다. 그리고 그 행동 방식은 우리에게 공동체 정신이 있는지 없는지를 보여줄 것이다.

좋은 동료의 또 다른 특성은 기꺼이 그가 제공하는 것보다 적게 요구할 수 있는 태도이다. 오늘날 대부분의 사람들은 큰 도시에서 자라나 자신의 행복감과 만족감을 오직 자신들만 얻을 수 있는 것이라고 제멋대로 판단하는 어린아이 같다고 할 수 있다. 많은 이들이 불행과 고통을 대가로 지불한다는 생각은 중대한 오류이다. 최대한 많이 얻기 위해 이의를 제기하는 사람들은 항상 공허함을 느낀다. 그들은 만족할 줄을 모른다. 잠깐 동안이고 드물게 이룬 성과는 단순히 몇 달 또는 몇 년 동안의 탐욕과 야망을 보상해줄 뿐이다. 전체를 구성하는 한 부분으로서 자신의 행복을 추구하는 이들은, 공동체 안에서 그들이 기여할 수 있는 정도에 따라, 스스로와 그들의 삶에 대해 만족감을 느낄 수 있다. 그러므로 공동체 의식은 보상에 대한 생각 없이 공헌하고자 하는 의지로 표현된다.

굴복하지 않는 사람은 성공한다.

어떤 행동이 어느 정도까지 공정한지 말할 때, 우리
는 충분히 신뢰가 가는 기준을 가져야 할 것이다.
그 기준은 공동체의 요구를 고려하는지 따져보는
것이다. 공정한 행동이란 어떤 상황에서나 적절하고
올바른 처신을 뜻한다. 이런 상황에서 또는 저런 상
황에서 이렇게 저렇게 행동해야 한다고 규정하는
것은 불가능하다. 모든 상황은 특별하고 매우 복잡
한 정황을 가지고 있고, 누구도 그 정황이 어떻게
다루어져야 하는지 사전에 미리 판단할 수 없다. 결
정적인 질문들은 다음과 같다. 공동체 생활의 규칙
들이 숙달되었는가? 개인이 공동체에 스스로를 종
속시킬 준비가 되었는가? 그렇다면 그는 어떤 상황
에서든지 적응하는 올바른 과정을 거의 다 알게 될
것이다. 그것이 얼마나 어렵든 상관없이 말이다. 왜
냐하면 그는 그의 문제를 공정하게 판단할 수 있게
되기 때문이다. 본인의 자기중심적인 요구들을 공동
체의 공정한 요구에 종속시킬 수 있다면 개인은 절
대 패닉에 빠지지 않을 것이다.

오늘날의 사회적 관계에 있어서 혼돈이 분명히 존
재함에도 불구하고 우리를 안내하는 규칙들이 있다.
분명하게 형식화되어 있지는 않아도 모든 이들은
그 규칙들을 잘 알고 있다. 개개인은 그 규칙들에서
벗어나려고 하는 순간 가차 없는 삶의 논리를 깨닫
게 된다. 성공 또는 실패는 삶의 의무들을 충족시켰
는지 그렇지 못했는지에 대한 공동체의 대답이다.
흔히 공동체의 요구에 스스로를 충분히 맞추는 사
람은 실패하는 것처럼 보이는 반면, 공동체와의 접
촉이 피상적인 사람은 꾸준히 성공하는 것처럼 보
인다. 이것을 설명하자면 공동체 의식의 영향력이
항상 시험의 대상이 되는 것은 아니라는 뜻이다. 만
약 한 사람이 어려운 난관에서 좋은 상황 덕에 피
해를 입지 않는다면 그는 쉽게 다른 이들에게 모든
문제들을 풀 수 있는 사람이라는 인식을 심어주게
된다. 그는 가끔 학교 시험을 피해가는 학생이나 다
름없고, 그의 지식은 당연하게 여겨지게 된다. 만약
한 사람이 엄청난 고난을 견뎌내야 한다면 삶에 대
한 훈련이 부족하다는 것이 좀 더 빨리 드러나게
된다. 그러나 곧 모든 사람들이 그들의 공동체 의식
이 얼마나 발전되었는지 보여주어야 한다. 그 순간

이 개인의 삶이 행복할 수 있는가 없는가를 결정한
다. 그러므로 재난과 불행은 고통과 좌절을 불러일
으키는 불가피한 요인들이 아니다. 그러나 시험상황
들은 사람들이 협조할 준비가 되어있는가를 증명할
수 있다. 누군가는 실패를 받아들이는 한편 또 다른
누군가는 난관에 굴복하지 않는다. 굴복하지 않는
사람은 다른 이들과의 우애감정을 절대 잃어버리지
않으며 나중에는 결국 성공해낸다.

공동체 의식은 능력의 표현이다.
그러나 공동체 의식이 알프레드 아들러의 가르침에
서 와전되어 종종 잘못 언급되기도 한다. 공동체 의
식이 단순히 특정한 그룹이나 계층의 사람들 사이
에 속해있다는 느낌이나 다른 모든 이들을 향한 박
애를 의미하지는 않는다. 다양한 그룹들의 이해관계
는 자주 충돌하곤 한다. 이것은 파업에 들어간 직장
인의 딜레마와 같다. 그는 가족을 부양하는 것과 동
료들과의 연대를 지키는 것 사이에서 갈등한다. 그
와 같은 난처한 상황에서 공동체 의식은 공정한 요
구라는 명목 아래 우리로 하여금 상위그룹의 이해
관계에 첫 번째로 관심을 갖게끔 만든다. 우리는 확

실히 개인과 작은 그룹들의 이익이 부수적인 것이 되더라도 모든 인류를 수용하는 공동체를 위해 할 수 있는 일을 하고 싶어 한다. 그러나 실제로 이 이상을 깨닫기에는 아직 멀었다. 공동체 의식은 정해진 목표를 가지고 있지 않다. 더 솔직히 말하자면 그 목표는 삶에 대한 태도를 만들기 위한 것이고, 어떤 방식으로든지 다른 사람들과 협동하고자 하는 욕구를 만들기 위한 것이며, 삶의 상황들에 익숙해지기 위한 것이라고 할 수 있겠다. 공동체 의식은 우리가 주고받는 능력에 대한 표현이다.

모든 움직임은 목적이 있다

우리가 인과관계를 거부하는 것이 정당화될까?

모든 생명체는 목적을 추구한다.

인간의 모든 행동에는 동기의 힘이 있다.

목적성은 추구할 수 있다는 믿음이 바탕이다.

모든 움직임은 목적이 있다

♛

확실히 공동체 생활에서 나타나는 문제들에 적응하는 태도가 개인의 특성을 결정한다고 할 수는 없다. 본능과 다른 선천적인 힘들이 매 시점마다 개인을 지배한다면 주변 환경에 대한 반응으로 오직 성격의 특정한 순응과 수정만 가능할 것이다. 그러나 개인의 모든 특성과 성격은 어린 시절 주변 환경에 적응했던 태도에 의해 발전된다. 사실 성격은 인간의 근본적인 삶이 목적론으로 지향돼야만 발전될 수 있다. 다시 말해서 개인이 행동하는데 있어 추구하는 목표가 결정적인 요인이라는 것이다. 개인의

주변 환경에 대한 태도가 지속적으로 그의 모든 행
동과 그 행동의 총체적 결과인 성격을 결정짓는다
고 믿는다면 우리는 이것을 인정해야만 한다.

우리가 인과관계를 거부하는 것이 정당화될까?

개인이 매우 다양한 방법과 방향으로 선택할 수 있
다는 것을 강조하는 목적성의 시각에서, 여태까지의
인간의 정신적 발달을 결정짓는다 생각했던 법칙,
그 인과관계를 우리가 거부하는 것이 정당화될 수
있을까? 우리는 이제 비교적 심리학과 동떨어진 과
학이 뜨거운 논의를 일으키는 인과관계 또는 목적
성이라는 문제에 전반적으로 점점 더 높은 관심을
가지게 된다는 것을 알고 있다.

아마도 신 활력논자들이 효용의 문제가 모든 형태
의 삶을 다스리는 결정적인 법칙이란 것을 가장 먼
저 짐작한 사람들일 것이다. 그 추정은 그들이 종과
기관의 발달, 그리고 무엇보다 신체의 생물학적 과
정을 공부하고 나서 이루어졌다. 그들의 시각에서
모든 질병의 증상과 병적인 변화들은 어떤 해로운
요인에 의해 생겨나는 결과가 아니라 그것들을 이
겨내려는 방어력이다. 백혈구를 배로 증가시켜 침입

하는 박테리아를 파괴시키는 염증이 이것의 고전적
인 예이다. 이와 비슷하게 모든 생물학적 변화는 오
로지 그것이 성취하고자 하는 목적을 고려했을 때
이해된다.

모든 생명체는 목적을 추구한다.

그러한 생물학적 생각과는 꽤 다르게, 알프레드 아
들러는 살아있는 모든 것들은 움직이고 그 모든 움
직임에는 반드시 목적이 있다고 강조한다. 그러니까
알프레드 아들러에 의하면 모든 생명체는 목적을
추구한다. 특히 인간에 관해서 알프레드 아들러는
개인의 목표를 알지 못하는 한 그의 행동을 이해하
는 것은 불가능하다고 선언했다.

우리의 익숙한 믿음들과 정반대로 보이는 이 목적
론적 생각은 일찍이 과학계에서 열렬한 반대세력을
만났고 빈번히 비과학적이라고 거부되었다. 자연과
학이 마지막으로 이룬 위대한 발전은 특히 인과관
계 주의를 수락한 것이다. 모든 일의 발생은 단순히
어떤 특정한 원인에 의한 결과일 뿐이라는 것이다.
관찰되는 모든 일들의 근본을 이루고 있는 원인과
결과 이외의 다른 연결점을 가지고 있는 이론은 파

악하기가 매우 어렵다. 그러나 개인 심리학자들은
현재 그것을 가장 정확한 과학 중 하나인 물리학을
통해 받아들일 수 있음에 매우 만족해하고 있다. 비
록 이 인과관계 법칙을 부인하는 것이 가장 적은
범위에서의 인과관계의 경계를 확인할 수 있게 해
주긴 하지만, 생각의 법칙에 있어서 물리학도들 사
이의 과격함과 언쟁의 잦음이 이해 가능하다는 핵
심적인 변화를 가져온다. 이와 같이 서로 다른 분야
의 동시적인 인과관계의 전복은 분명 우연의 일치
이다. 그러나 이러한 점은 역사적으로 인간사고의
발달에 있어서 많은 유사성을 가지고 있으며 그것
이 심리학 연구 분야의 발전에 많은 기여를 했다는
것은 의심의 여지가 없다.

인간의 모든 행동에는 동기의 힘이 있다.
한 개인이 어떤 방식으로 행동했을 때 우리는 자연
스럽게 그가 왜 그렇게 행동했는지 묻게 된다. 이것
은 실제로 알프레드 아들러 이전의 심리학에서 묻
던 유일한 질문이었다. 심리학 연구가 시작된 초기
에는 사람들의 모든 행동에 대해 오로지 기계적으
로 상황과 밀접한 관계가 있는 설명만 하려고 애썼

다. 그들은 느낌은 감각기관을 통해 몸에 전달되고, 그것이 반사작용이나 뇌 작용을 통해 특정한 행동이 간접적으로 드러난다고 믿었다. 프로이드는 인간행동이 물리학 법칙에 의해 지배된다는 이론을 버린 최초의 사람이다. 그는 인간을 위한 정신적인 법칙에 대한 승인과 인식의 필요성을 강조했다. 그러나 그 역시 인과관계의 원리에 잘못 인도되었고, 인간행동을 설명하기 위해 과거를 생각했다. 그는 이전의 모든 물리적 경험들은 특정한 물리적 에너지의 비축이고, 그러므로 그것은 필연적으로 어떤 결과를 만들어내는 강압적인 요소로 인식되어야 한다고 주장했다. 인과관계 원리는 물질주의자에 의해 다루어졌든 프로이드 일파에 의해 다루어졌든, 특별히 유용하거나 실용적이지 않았다. 수많은 자극감각과 반응기관들을 설명하기 위해, 그리고 인간이 오직 물리학적 법칙에 의해 지배된다는 것을 증명하기 위해 추구하는 이상적인 그림은, 인간의 행동반응을 추적하는 방법이 미묘해질수록 점점 더 혼란스러워진다. 반면에 프로이드가 인간은 물리적 힘에 의해 지배받는다는 이론을 포함하는 에너지 법칙을 찾아내려고 시도한 결과 무분별한 이론들이 발전되

었다. 이 이론들은 실질적인 삶에서 결코 입증되지
않았다. 그것들은 오직 정신분석학자의 상담실에서
만 특이한 분위기 아래서 시연되었을 뿐이다. 그러
므로 다음 단계는 인간의 행동반응에 대해 전혀 다
른 각도의 새로운 법칙을 찾아내는 것이었다. 아들
러는 행동의 목적에 관하여, 인간의 모든 행동에는
동기의 힘이 있다는 놀랄만한 발견을 해냈다. 이 발
견은 건강한 인간이 평범한 삶을 사는 한, 개인적
경험에 의해 충분히 확인되는 것이다. 몇몇 쓸모없
고 무의미한 행동들이나 대표자의 요구에 반하는
행동, 또는 스스로의 갈망 없이 하는 행동들에 대해
서만 이의제기가 가능할 뿐이었다. 그러나 맹렬한
이의제기에도 불구하고 아들러의 목적이 분명한 이
일탈적 시각은 유명한 정신분석학자들의 지지를 받
았다. 그 중에는 개인 심리학에 그다지 우호적이지
않았던 바그너 야우렉(Wagner-Jauregg)과 본회퍼(B-
onhöffer), 칸(Kahn)등이 있었다. 그들이 목적론적 법
칙을 전적으로 받아들이지 않은 것은 사실이다. 그
들은 처음엔 히스테리의 발생과 사고 후에 발생하
는 신경증 사이의 관련성을 제외하고는, 큰 흐름에
역행하는 것의 중요성을 깨닫지 못했다. 그러나 그

들이 이것에만 예외를 두었다면, 그것은 암묵적으로
인간의 행동에 목적이 있다는 사실을 인정한 것이
다. 인간이 의식적으로 자신의 행동에 특정한 목적
이 있다고 깨닫지는 못한다 하더라도, 스스로 느끼
기에 그의 행동이 자신의 의지에 반하는 것이라고
느끼더라도 말이다. 자백하지 않은 목적 현상은 의
식의 문제와 밀접하게 연관되어있는데, 이것은 더
자세한 논의를 필요로 한다. 여기서는 관찰에 한계
가 있으므로 평범한 한 사람이 그의 모든 행동에
목표를 가진다고 분명하게 말하는 것은 옳지 않을
수 있다. 처음에는 충돌하는 욕구들 때문에 이 방향
으로 이끌리는 것 같다가 나중에는 다른 방향으로
이끌리는 것 같은 느낌을 받는 상황에서, 사람은 자
신이 진정으로 원하는 것이 무엇인지 분명하게 알
지 못하고, 인간 정신이란 다양한 본능과 충동들이
부딪히는 것이라는 사실을 느끼게 된다. 그리고 그
충돌의 결과로 하게 되는 행동은 다른 것들을 눌러
버린 가장 강한 본능에 의한 결과라고 생각하게 된
다. 그럼에도 불구하고, 우리는 인간이 분리되지 않
는 성격을 가지고 있다고 여기기 때문에, 결과인 행
동뿐만 아니라 그 이전의 지속적이고 합리적인 행

동인 망설임에 대해서도 판단한다. 이 주제는 '성격의 단일성과 개인의 다양성'이라는 챕터에서 더 깊이 다룰 것이다.

목적성은 추구할 수 있다는 믿음이 바탕이다.

인간이 어떤 환경을 향해 나아갈 노선을 정하는 힘을 가지고 있다는 것은 모든 점에서 분명하다. 이는 그의 행동과 무(無)행동은 궁극적으로 어느 방향으로 갈 것인가라는 질문에 의해 결정되기 때문이다. 인간의 삶은 그의 과거가 아니라 미래에 의해 앞으로 나아가고, 그를 나아가게 하는 힘은 외부에서 비롯되는 것이 아니다. 인간은 스스로 동조할 때 움직인다. 그의 모든 행동, 감정, 자질, 성격은 같은 목적을 가지고 있다. 그것들은 그가 공동체에 적응하게끔 만든다. 성격은 장비나 본능이 원인이 되어 결정되지 않는다. 성격은 환경에 의해서 결정되지도 않는다. 목적성에 대한 믿음은 인간이 가장 최선이라고 판단하는 목적을 추구할 수 있다는 믿음을 바탕으로 한다. 인간은 그가 반응할 수 있는 것보다 더 멀리 바라보고 행동한다. 이런 시점에서 개인 심리학은 베르그송(Bergson)의 시각과 맞닿는다. 그는

그의 이론 「생(生)의 약동」에서 모든 살아있는 물질
이 가지는 필수적인 불확정성을 이야기했다.

버릇없는 아이는
과거의 태도 때문

자랄수록 통솔된 습관을 가르치기 어렵다.
버릇없게 키운 아이는 인위적인 특권을 즐긴다.
아이는 훈육당하는 시간을 본능적으로 거부한다.

버릇없는 아이는
과거의 태도 때문

♛

어린 아이는 인생이 시작되는 첫날부터 삶을 충족
시키기 위해 필요한 도움을 받으며 공동체 안에서
사람들과 관계를 맺는다. 아이가 주변 환경과 소통
하는 첫 번째 방법은 소리 지르기이다. 아이는 배고
픔을 느끼거나 불편함을 느낄 때 울음으로 엄마를
부른다. 그리고 아이가 얼마나 어리건 상관없이 아
이의 울음은 부모의 행동에 의해 조절된다. 처음부
터 갓난아기가 수행해야할 특정한 사회적 기능이
있다. 이것이 규율을 필수적인 것으로 만든다. 아이
의 첫 번째 임무는 모유를 받아먹는 것이다. 상대적

으로 건강한 아이가 엄마와 원만하게 협동하며, 이 일을 수행하도록 훈련시키기도 쉽다. 처음에 모유를 수유하는 일정한 시간대를 정하기까지 모든 아이는 당연히 저항을 보이곤 한다. 아이는 수유시간과는 다른 시간대에 울 것이다. 그때 만약 부모가 분별력과 인내심이 있다면 수유시간과 다른 시간대에 하는 모유 수유를 허락하지 않을 것이다. 아이는 곧 울기를 포기하고 며칠 이내에 일정한 수유시간에 저절로 적응할 것이며, 그 시간에 만족감을 느낄 것이다. 따라서 아이는 인생에서 처음으로 공동체의 일원으로서 다른 이들과 협동하며 스스로를 공동체에 맞춰나가는 경험을 갖게 되는 것이다.

불행하게도 이 초기 단계에서는 심각한 실수들이 매우 자주 발생한다. 지나치게 근심이 많은 부모들은 잘못된 연민으로 가능한 한 모든 방면에서 '*불쌍한 아가를 봐주자*'라는 생각으로 행동하게 된다. '*오, 나중에 아기가 더 강해지면 그때 일정한 수유시간에 적응시키면 돼.*' 라고 생각하면서 말이다. 이러한 반응은 연약하거나 아픈 아이를 둔 부모에게서 더 자연스럽게 나타난다. 이런 부모들은 의사의 충고로 아이에게 일정한 습관을 가르치려고 시도는 해본다. 그러나 수유를 할 때 아이가 모유 빠는 걸 어려워하거나 울면서 힘을 잃으면, 그냥 배를 곯도록 놔둘 용기를 갖지 못할 것이다.

자랄수록 통솔된 습관을 가르치기 어렵다.

아이가 자라면 자랄수록 잘 통솔된 습관을 가르치기가 더 어려워진다. 아이가 한번 불규칙한 습관에 익숙해져버리면 어떤 변화든 그 변화에 대한 아이의 저항은 더 거세진다. 동시에 아이가 가지는 자폐의 힘은 점점 더 분명하게 발달된다. 그렇게 되면 불규칙한 식사시간이 아이의 성장을 방해하고 이에 따라 엄마의 불안은 커져간다. 그러나 엄마가 규칙적인 식사습관을 확립하려고 하면 할수록 아이는 더 크게 울고, 엄마는 잠시 동안 망설이다가 이내 포기해버린다. 그 결과 아이는 울음을 통해 자신이 원하는 것을 얻을 수 있다는 중요한 발견을 하게 된다. 꼭 원하는 것이 아니더라도 엄마가 자신을 품에 안고 달래준다는 것을 깨닫는다. 프로이드 파는 아이와 인간에 관해서 「즐거움의 원리」라는 치명적인 실수를 만들어냈다. 모든 좌절은 '즐거운 이상'과 상반되는 것이어야 한다는 원리인데, 그들은 이 원리가 오직 공동체 내에서 행복한 일원이 되지 못한 사람들에게만 적용된다는 사실을 간과했다. 즐거움마저 규율에서 비롯되는 것이고, 규율이 타당하다면 결국 즐거움은 단순한 순응의 표현인 것이다.

버릇없게 키운 아이는 인위적인 특권을 즐긴다. 다양한 형태의 응석을 받아주고 버릇없게 키운 데 대한 결과는, 아이가 온실 속의 화초처럼 자라며 인위적인 특권을 즐기게 되는 것이다. 이것은 공동체 생활에서 자연적으로 부여되는 규율로부터 아이를 면제되도록 만들어버린다. 이런 아이는 살면서 처음으로 마주하는 공동체인 가족 내에서, 가족 구성원 모두에게 부여된 규칙을 따를 필요가 없다. 아이에 대한 특별한 보호는 아이가 어떤 불편함도 느끼지 못하도록 만든다. 인위적인 따뜻함은 아이를 가두어버린다. 아이는 스스로 성취해야 얻을 수 있는 깨달음을 얻지 못한다. 동정과 면죄부는 아이의 행동으로 인해 발생할 유쾌하지 못한 결과들로부터 아이를 방어한다. 아이는 자신이 좋아하지 않는 일들을 견뎌내는 법을 결코 배우지 못한다. 항상 누군가가 아이를 도와주니 아이는 노력을 들일 필요가 없어

진다. 부모의 지나친 걱정으로 아이는 용기를 필요
로 하는 위험들과 마주하지 못하게 된다. 아이를 망
치는 부모 밑에서 자란 아이가 공동체에 도움이 되
는 일원으로 자라기는 매우 어렵다. 우리들 대부분
은 버릇없는 아이들이다. 우리 중 많은 이들이 자신
이 버릇없게 자란 것을 전혀 느끼지 못하더라도 이
것은 사실이다. 규율을 지키지 않아도 되도록 아이
를 과잉하게 돌봐주는 모든 시도는 아이가 규율을
싫어하게 만든다. 사람들과 함께 살아가는 공동체에
서마다 아이는 공동체의 규율에 적대적인 태도와
분노를 가지게 된다. 프로이드는 이와 같은 연결을
'*문명*'이라는 단어가 내포하는 '*본능의 파괴*'라는 용
어로 잘못 설명했다.

아이는 훈육당하는 시간을 본능적으로 거부한다.
아이가 제멋대로일 때마다 아이를 훈육하는 시간이
항상 온다. 아이는 본능적으로 이 시간을 거부한다.
아이는 여태까지 허용되던 일이 왜 갑자기 금지되
는지 이해하지 못한다. 아이는 부모가 훈육하는 규
칙이 사회에서 사람들과 함께 살아갈 수 있게 하는
현명한 법칙이라는 것을 느끼지 못하고 단순히 부

모의 변덕이라고 느낀다. 그러므로 흔히 버릇없는 아이가 기억하는 회초리는 부모와의 갈등이다. 아이가 얼마나 제멋대로 자랐고, 이로 인해 규율에 대해 어느 정도의 적대감을 갖고 있는지, 확인하는 유일한 방법은, 아이가 자신이 버릇없다는 것을 어느 정도 선까지 알고 있는지 알아보는 것이다. 아이가 외동일 경우 특히 더 제멋대로이다. 외동인 아이는 애지중지 길러지고, 아이가 다른 가족 구성원들에게 지시하거나 통제하는 것이 쉽게 허락된다. 마치 가족 구성원들이 단지 아이가 원하는 대로 일을 수행해 주기 위해 존재하는 사람들인 것처럼 말이다. 아이는 나중에 마음에 맞지 않는 환경에 놓였을 때, 자신의 제멋대로였던 어린 시절을 같은 견지에서 바라보지는 않을 것이다. 이러한 외톨이는 결과적으로 부모의 행동에 대해 아이 스스로가 받아들이고 부여했던 의미와 아이가 자신의 과거에 부여한 태도에 전적인 책임이 있다.

어른들의 힘에 무너지는
아이의 저항과 고집

타박은 저항을 부른다.

어른들의 힘에 무너지는
아이의 저항과 고집

♛

제멋대로인 아이는 금방 좌절감을 느끼고, 자신이
정당하다고 믿으며 주장하던 권리가 줄어들고 있다
는 것을 깨닫는다. 아이를 제멋대로 하게 놔두는 것
은 사실, 아이가 스스로 독립할 권리와 일찍 삶의
필요조건을 배울 권리를 박탈하는 것이다. 보통 아
이를 제멋대로 하게 놔두는 것은 부모들이 주장하
는 것처럼 아이를 고려한 결과라고 보기는 어렵다.
사실 그보다는 아이가 지쳐서 나가떨어지고 어려움
을 겪는 것을 견디기 힘들어하는 부모들이 스스로
의 기분을 고려한 것이라고 보아야 한다. 아이를 애

지중지하는 부모는 아이에게서 다른 필수적인 권리
들을 앗아간다. 이런 부모들은 단순히 아이를 얼러
보고 싶은 마음과 집에 찾아온 손님들에게 자랑하
고 싶은 마음 때문에 아이를 불규칙적이고 불충분
하게 재운다. 아이를 손님들 앞에서 과시하고 싶은
욕망을 충족시키는 것은 아이가 다른 아이들과 놀
권리를 침해하는 것이다. 과도한 염려는 아이가 가
질 행동의 자유를 빼앗는다. 부모가 아이를 향한 사
랑이 아니라 오로지 자신들의 이해관계를 고려하여
아이를 훈육하고 성장을 방해한다면 아이는 좌절하
게 된다. 만약 과도한 사랑이 종종 아이가 행복해지
는 것을 방해하고, 사회에서 건강한 일원이 되는 것
을 방해한다면, 그것은 확실히 가족 내에서 아이의
자리를 부정하는 몰인정한 일이라고 볼 수 있다. 아
이를 싫어하는 부모는 아이가 자신들이 원하지 않
는 방향에 있다고 해서 굉장히 부끄러운 방법으로
아이의 권리를 부정한다. 몇몇 부모들은 아이가 자
신들이 원했던 남자 아이가 아니라는 이유로, 또는
아이가 자신들이 싫어하는 어떤 특정한 사람과 비
슷한 점을 보인다는 이유로, 아이에게서 등을 돌리
기도 한다. 가끔 어떤 부모는 의붓자식에게 앙심을

품기도 한다. 아이가 정의로운 행동을 보상하려는 동기로 또 다른 사람에게 많이 빠져있는 경우, 이러한 부모의 불친절은 아이에게 항상 더욱 강렬하게 다가온다.

타박은 저항을 부른다.

타박은 항상 저항을 불러일으킨다. 아이의 저항과 고집은 흔히 어른들의 매질이나 다른 수단을 이용한 힘에 의해 무너진다. 그러나 아이는 가장 비참한 순종을 가장한 체 자신의 목적을 얻어낼 것이다. 가족이라는 공동체로부터 멀어지는 것, 가족 공동체 삶에서 도피하는 것이 그 아이의 목적이 된다. 이러한 목적은 아이가 자신이 유일하게 미움을 받는 존재라고 생각할 때 생겨나는 결과이다. 드물지 않게 아이는 부모의 행동을 잘못 판단한다. 아이는 부모가 자신을 크게 신경 쓰지 않는다고 믿게 된다. 이 믿음이 현실에서 입증되지 않더라도 말이다. 반면에 부모가 자신을 진짜 싫어한다는 것을 모르거나 무시당했다는 사실을 눈치 채지 못한다면 아이는 혼자서 숨어버리려 하지는 않을 것이다.

열등감과 중요한 사람이
되고자 하는 욕망

거부당한다는 생각은 열등감과 연결된다.

열등감을 가진 사람은 권력을 얻으려고 한다.

사람은 다양하게 열등감과 욕망을 드러낸다.

제멋대로 자란 아이는 열등감을 욕망으로 바꾼다.

비뚤어진 욕망은 거짓말과 절도의 동기가 된다.

문제적 행동은 잘못된 열등감 극복의 결과다.

열등감과 중요한 사람이
되고자 하는 욕망

♛

우리는 아이를 제멋대로 키우는 것과 타박하는 것
이, 아이가 공동체의 유용한 일원으로 자라나는 것
을 얼마나 많이 방해하는지 보아왔다. 우리는 이제
제멋대로 자란 아이와 타박 받는 아이의 마음에 어
떤 비슷한 요소가 작동되는지 알아봐야 한다. 어떻
게 제멋대로 하게 두기와 타박하기라는 전혀 다른
두 경험이 모든 인간에게 선천적으로 내재된 공동
체 의식을 방해한다는 동일한 결과를 가져오는 걸
까?

이 역설적인 상황을 더 유심히 들여다보면 우리는

아이가 제멋대로 자랐는지, 타박 받으며 자랐는지 알 수 있다. 아이는 사회의 규율에 저항하고 적대감을 느끼도록 만드는 상대적 열등감을 늘 발달시킨다. 다음과 같은 법칙은 보편적으로 모든 아이들과 어른들의 행동에 의해 성립되어 유효해진다. 모든 인간에게 내재되어 있는 공동체 의식은 열등감이 생겨나는 순간 한계에 도달하게 된다.

도표로 이 상황을 더 쉽게 이해할 수 있다.

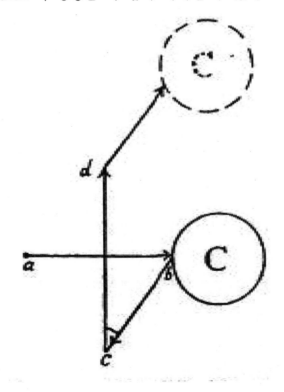

개인은 (C)공동체에 귀속되고자 노력한다. 그러므로 그는 a에서 b로 연결되는 선을 따라 움직인다. 즉, 만약 (C)로 가는 길에 장애물이 없다면 그는 곧장 이 선을 따라 갈 것이다. 인간은 오직 자신의 공동체가 가지는 상황에만 반응하여 움직이고 발전할 것이다. 그의 행동과 정신을 지배하는 힘은 공동체 의식을 방해하지 않을 것이다. 그러나 우리는 이미 몇몇 어려움들이 공동체에서 아이가 행복하고 유용한 일원으로 성장하는 것을 방해할 수 있다는 사실을 보았다. 그렇게 자라난 사람은 공동체를 적대시하고, 공동체에 대처할 수 없다고 상상한다. 그는 공동체가 자신을 퇴짜 놓으려고, 도표에서 보이는 b에서 c방향으로 억지로 눌러버리려 한다고 느낀다.

거부당한다는 생각은 열등감과 연결된다.

거부당한다는 생각은 아이의 마음속에서, 그리고 나중에 어른이 된 후에, 다른 사람들보다 못하다는 주관적인 생각과 불가피하게 연결된다. 아이가 제멋대로 자란 결과로 다른 사람들의 우월성을 받아들인다는 사실은 중요하지 않다. 왜냐하면 아이는 스스로의 힘을 과소평가하고, 다른 이들의 우월한 힘에 의존하는 것을 당연하게 여기게 되기 때문이다. 또한 타박의 결과이건 아니건 간에 아이는 다른 이들의 우월한 힘이 항상 대성공한 것이라고 믿게 된다. 예외 없이 아이는 자신의 능력과 다른 사람의 능력의 차이가 자신보다 다른 사람들이 더 가치 있음을 의미한다고 상상하게 된다.

열등감을 가진 사람은 권력을 얻으려고 한다.

아이는 스스로를 멸시하는 기분에 분개하고, 곧 그의 모든 행동은 새로운 방향으로 접어든다. 아이는 타고난 공동체 의식에 반응하여 무슨 일이 있어도 반드시 공동체에 받아들여질 수 있도록 집요하게 노력한다. 그러나 그는 자신의 가치가 너무 낮고, 그러기엔 자신의 힘이 부적절하다고 여겨, 공동체에 도달하기 위해서는 오직 공동체보다 더 높은 위치에 올라서야 한다고 생각한다. 그 결과 도표에서 볼 수 있듯이 그는 c에서 d로 연결되는 선을 따라가며 전혀 새로운 방향으로 이동한다. 열등감을 가지고 일하는 사람은 누구든 다른 이들의 우월성을 상쇄하려고 어떤 형태로든지 권력을 얻으려고 항상 노력한다. 이러한 사람이 갖는 열등감은 그가 중요한

사람이 되고자 노력해야만 하도록 만든다. 열등감이
상대적인 감정이라는 사실은 항상 기억해야 한다.
열등감은 오직 개인이 스스로를 다른 이들과 비교
하는 상상 안에서만 존재하는 것이다. 열등감은 개
인의 진정한 가치와는 별개로 꽤 깊은 내면의 의식
에 존재하는 것이다. 왜냐하면 한 사람이 스스로를
다른 이들과 비교할 때, 상상에서 비롯된 가치를 그
들에게 부여하기 때문이다. 자신의 가치를 의심하는
사람은 누구든, 항상 다른 이들의 능력을 과대평가
한다. 그러므로 열등감의 존재 또는 부재, 그 어떤
것도 인간의 진짜 가치를 말하는 지표가 될 수는
없다. 몇몇 극히 귀중하고 성공적인 삶을 산 사람들
도 사실 열등감에 시달렸다. 반면에 미치광이에게선
열등감을 찾아볼 수 없다. 개인이 스스로의 가치를
추정하는 것, 즉 열등감이 표출되는 원인을 찾아내
는 것은, 전적으로 공동체와 다른 사람들을 향한 개
인의 태도에 달려있다. 다시 말하면 그것은 그들 스
스로의 의견에 의해 정립된다는 것이다. 사람은 자
신만의 법정에서 검사와 판사, 두 가지 역할을 모두
해낸다. 개인이 자신에게 부여하는 낮은 가치는 주
로 실제적인 실패와 연관되어 나타난다. 그러나 실

패가 자신의 가치 부족을 증명한다고 믿는 사람은 누구나 스스로를 기만한다는 사실엔 의심의 여지가 없다. 사람들은 매우 자주 자신들의 성공과 실패에 관해 완전히 틀린 결론을 내리곤 한다. 흔히 자신이 한 모든 가치 있는 일들을 폄하하는 사람은 의미 없는 실패에 지나치게 많은 중요성을 부여한다. 결국 모든 실패는 열등감에서 비롯된 것이 아니다. 이러한 사람들은 실패에 맞닥뜨렸을 때 스스로에게 틀림없이 낮은 기대를 가지게 된다.

사람은 다양하게 열등감과 욕망을 드러낸다.

사람들은 끊임없이 다양한 방법으로 열등감과 중요한 사람이 되고자 하는 욕망을 드러낸다. 인간의 실수와 잘못, 사람들이 공동체 내에서 살아갈 수 있게끔 하는 규칙들을 위반하는 잘못과 실수들을 관찰할 때마다, 우리는 늘 공동체와의 유대를 포기하게끔 만드는 개인의 열등감을 찾아내곤 한다. 모든 잘못은, 그것이 성격의 결함이든 단순한 품행의 실수이든, 사회적 임무를 회피하고픈 욕구가 생겨나도록 만든다. 사람들은 자신의 결함을 숨기고 두려운 실패를 방지하기 위해, 사회적 임무를 회피한다.

회피에는 두 가지 주된 유형이 있다. 하나는 사람들이 기회로부터 도망치고, 결정내리기를 피하며, 스스로의 행동반경을 제한하고, 자신과 다른 사람들 간의 거리와 시간을 벌리려고 노력하는 것이다. 우리는 모두 이와 같은 '*보험 방침*'을 끄집어내곤 한다. 다른 하나는 자신이 받아들인 길의 방향을 위쪽으로 바꾸려고 시도하는 것이다. 이러한 사람들은 몇몇 특정한 분야에서 얻는 것들로 특별히 중요한 사람이 되고자 노력한다. 만약 유용한 성취들로 그렇게 할 수 있다면, 그들은 아마도 완벽하게 스스로를 공동체에 적응시킨 것이라 할 수 있다. 비록 그것이 공동체로부터 멀어지고자 하는 깊은 두려움에서 비롯된 것이라 해도 말이다. 가끔은 두려움이 정말로 인류의 진보와 문화발전에 기여하는 성취들을 장려하는 장려책이 되기도 한다. 이것은 인간이 유용한 성취에서만 성공을 추구한다거나, 스스로 중요한 사람이 되고자 하는 욕구가 너무나 강해서 공동체에 기여할 수 있는 자신의 능력을 경시한다거나, 권력행사를 위해서만 행동한다거나, 자신의 힘을 '*삶의 쓸모없는 부분*'에 낭비하는 경우에는 제외된다. 이런 사람은 동료, 주변 환경, 삶 자체를 경멸하

고, 고통을 겪으면서까지 겉치레뿐인 성공을 어떻게
해서든 얻어내고 싶어 한다. 순교자의 고통은 특별
히 강력한 정권에 투쟁하며 상황을 반전시키는 분
명한 예이다. 왜냐하면 힘없는 순교자는 그보다 더
강력하고 잔인한 힘에 승리하기 때문이다.

제멋대로 자란 아이는 열등감을 욕망으로 바꾼다.
다른 사람들과 삶을 향한 경멸은 다양한 방법으로
표출될 수 있다. 때때로 그것은 공개적으로 모든 일
에 대한 불만으로 표현될 수도 있고, 극단적으로 마
음에 상처를 주는 비난으로 표현될 수도 있다. 종종
그것은 인류에게 동일하게 선의를 제공하기도 한다.
사치스러운 이상주의, 과장된 도덕 원리와 윤리 원
칙은, 높은 기준을 수립하여 다른 사람들을 보잘것
없게 보이도록 한다. 또한 현실에 대한 경멸은 환상
이나 우울증으로 표현되기도 한다. 백일몽은 일상과
현재의 순간을 완전히 격하시켜버린다. 이렇게 숨는
행동이나 점점 더 커지는 상상의 힘을 찾는 수용력
은 어린 시절에 습득된다. 특히 제멋대로 자란 아이
는 자신의 열등감을 중요한 인물이 되고자 하는 강
렬한 욕망으로 바꾸는 데 매우 빠르게 성공한다. 실

제로 아이가 성취한 것이 없다 하더라도, 아이는 열
등감으로 인해, 중요한 인물이 되는 것을 즐기기 때
문에 그에 따른 특별한 역할을 쉽게 수행해낸다. 이
러한 아이가 가장 두려워하는 것은 주목받지 못하
는 것이다. 왜냐하면 아이는 그것이 자신이 더 이상
중요하지 않음을 의미한다고 생각하기 때문이다. 아
이는 매번 엄마의 관심을 요구한다. 아이는 엄마가
어른들이나 다른 아이들과 말하는 것을 막으려하고,
잠들기 전, 엄마가 꼭 옆에 있도록 고집을 부린다.
그러나 만약 자신의 약한 위치가 충분히 보호받지
못한다고 생각하거나, 어떤 방식으로든 위협받고 있
다고 생각한다면, 아이는 좀 더 강한 방법을 선택한
다. 아이는 버릇없이 행동하거나, 숫기 없는 아이로
변해버리거나, 먹기를 거부하기도 하고, 화를 내거
나, 공황상태에 빠지기도 한다. 요약하자면 이러한
아이는, 어른들에게 자신이 원하는 행동을 하도록,
교활한 동물이 할 수 있는 모든 방법을 총동원한다
는 것이다. 열등감을 가지고 응석받이로 자란 아이
는 항상 어떤 방식으로든지 다른 사람들 위에 폭군
처럼 군림하려고 든다. 특히 아이가 막내이거나 외
동일 경우 그런 사례가 많다.

비뚤어진 욕망은 거짓말과 절도의 동기가 된다.

따라서 제멋대로 자란 아이는 자신이 다른 사람들에게 아무런 가치도 없다는 느낌을 극복하려고 하면서 다양한 성격을 발달시킨다. 이러한 아이들이 가장 예민하게 느끼는 결핍감은 그들의 가장 연약한 약점이다. 제멋대로 자란 아이들은 보통 소심하다. 이는 그들이 위험을 확대, 과장하고, 결과적으로 넓고 안전한 정박지를 소유하려고 하기 때문이다. 자신의 힘이 충분하지 못하다고 생각하는 아이들은 점점 다른 사람의 지원을 필요로 한다. 이 아이는 다른 사람들을 노예처럼 부리려고 한다. 평화롭고 조용한 상태를 만들기 위해서 어른들은 아이가 해야 할 일들을 대신 처리해 주어야 한다. 그렇기 때문에 아이는 다루기 힘들어지고, 모든 일에 쉽게 지쳐버린다. 그러면 따라서 견고한 성격도 가지지 못하게 된다. 이 아이는 성공적으로 무언가를 성취해내면서 행복을 찾기보다는, 손쉽게 만족감을 얻을 수 있는 방법들을 선호하게 된다. 아이는 경솔해지고, 나태해지며, 쾌락만 추구하게 되고, 판타지나 공상 속으로 도피하게 된다. 누군가가 자신을 홀대하고 싫어한다는 느낌을 받으면, 아이는 그 무력한 좌절감에 복수하기 위해, 할 수 있는 한 많은 문제를 일으킨다. 자신이 좋은 대우를 받기위해서 어른들을 어떻게 다루어야할지 아는 고집불통 아이는 전혀 매력적이지 않다. 이러한 아이는 학교에서 의도적으로 행동하고, 보통 선생님들은 이런 아이를 좋아하지 않는다. 어른들에게 유쾌하지 않은 충격을 선사하길 좋아하는 아이들은 범죄의 경향을 발달시키기도 한다. 어른들을 불쾌하게 만들기 위해 비딱하게 행동하려는 욕망은 흔히 거짓말과 절도의 동기가 된다.

문제적 행동은 잘못된 열등감 극복의 결과다.
어린 시절과 어른이 된 후, 두 시기 모두에서 발생하는 문제적 행동은 잘못된 방향으로 열등감을 극복하려고 시도한 결과이다. 이것을 밝히기 위해서는 개별적인 사례들을 제시할 필요가 있다. 그러나 우리는 열등감이 다양한 반사회적인 행동과 유사한 행동들을 만들어내는 원동력이라는 것을 알고 있다. 왜냐하면 공동체에 반하는 모든 충동들은 열등의식이 없어지면 사라지게 되고, 개인은 자신의 가치를 좀 더 올바르게 파악하는 법을 배우게 되기 때문이다. 인간이 공동체에 반하여 전쟁을 선포했을 때, 그가 올바른 자신의 가치를 확립하기 전까지는 평화가 회복될 수 없다.

기관 열등감은 결함이
아니라 약한 것이다

신체적 열등은 기관 열등감으로 악화된다.

기관 열등감은 역동적으로 작동된다.

기관 열등감은 다양한 결함들을 일으킨다.

용기가 있는 아이는 기관 열등감을 극복한다.

열등감을 극복한 이들에게는 과잉보상이 따른다.

기관열등의 증거는 가족병력에서 제공받는다.

건강한 기관이라도 장애를 발달시킬 수 있다.

성취나 업적은 열등감이 초래한 욕망의 결과다.

기관 열등감은 결함이
아니라 약한 것이다

♜

기관 열등감(器官劣等感)은 열등의식이 작용되는 분
야에 대해 특히 분명한 예를 제공하고, 열등감이 고
조되거나 극복되는 방법 또한 보여준다. 인체의 어
떤 조직이나 장기가 가진 시스템은 기관 열등감의
영향을 받을 수 있다.

기관의 열등은 절대적인 결함이라기보다는 다른 신
체기관들의 기능과 비교했을 때 특정한 한 기관이
상대적으로 약한 것을 의미한다. 때문에 개인이 자
신의 기관기능을 수행하는데 어려움을 느끼는 것은
다분히 주관적이다. 기관기능의 사용이 오늘날 공동

체에서 아이가 하는 주된 업무이다. 그러므로 아이가 자신의 기관기능을 통제하는데 어려움을 느끼게되면, 그것이 어떤 것이든지, 아이는 다른 사람들에비해 자신이 가치가 없다는 인식을 갖게 된다. 그리고 더 나아가 열등감을 가지게 된다. 몇몇 예들이이 이론을 더 분명하게 밝혀줄 것이다.

신체적 열등은 기관 열등감으로 악화된다.

소화기관에 영향을 주는 기관 열등감이 소화 장기가 건강하지 않다는 것을 의미하는 것은 절대 아니다. 그러나 한 아이의 소화기관의 기능이 약하다면, 이 아이가 소화기관을 통제하는 일은 다른 아이들에 비해 더 어려울 것이다. 그리고 그 기능은 여러 요인들에 의해 쉽게 방해를 받을 것이다. 이 아이는 정기적으로 식사하는 것이 더 힘들어진다. 이런 불규칙한 식사습관에 따라 불규칙적인 배변활동을 하기 쉽다. 그러므로 이 아이는 공동체에서 당당한 일원으로 성장하기 어렵고, 청결한 습관을 갖는 것 또한 어렵다. 이러한 어려움을 겪는 모든 아이들은, 다른 어른들은 별 어려움 없이 쉽게 소화기관을 조절하는 데 비해, 자신은 그렇게 하는 것이 너무나 어렵다는 확신을 갖게 된다.

인체의 기능을 수행하는데 발생하는 모든 신체적 방해는 기관 열등감으로 작용될 수 있다. 눈에 문제가 있는 아이는 부주의한 성격으로 자랄 수 있고, 비뇨기나 생식기관의 열등감은 방광기능을 조절하는데 어려움을 겪게 만들 수 있다. 극도로 예민한 기질은 신체활동에 소요되는 시간을 축소시키고, 거침과 서투름이 동시에 역효과를 내게 되어 신체기능을 약화시키고, 이것이 기관 열등감으로 악화된다. 마찬가지로 한 아이가 몹시 몸집이 작은 것에 분노를 느낄 수 있는데, 사실 이런 감정은 아이가 다른 사람들에 비해 신체적으로 열등하다는 인식을 갖게끔 만든다.

왼손잡이로 태어나 상대적으로 오른손을 능숙하게 사용하지 못하는 아이의 경우도 기관 열등감의 영향을 받는다. 이 아이가 매일매일 오른손으로 악수하는 법을 배우려고 노력한다면 아이는 상당히 많은 어려움과 좌절을 느낄 것이다. 그렇게 되면 아이는 어떤 일들을 정확히 해내는 방법을 배우는 능력이 부족하다고 과장해서 생각하는 경향이 생긴다.

기관 열등감은 역동적으로 작동된다.

이 시점에서 생각해 보아야 할 중요한 의문점이 생겨난다. *'기관 열등감이 가져오는 결과는 무엇이며, 그것으로 인해 생겨나는 반응은 무엇인가?'* 라는 의문이 바로 그것이다. 정신 심리학적인 어려움이 있는 상황들과 연계된 기관 열등감을 다루는 데는 완전히 반대되는 두 방법이 존재한다. 단순히 결론만 말한다면, 용기의 많고 적음의 문제이다. 기관의 열등으로 인해 생겨나는 어려움들이 아이의 용기를 꺾어버리는가? 이 기준에 의해 아이가 나중에 겪게 될 경로가 정해지게 된다. 기관 열등감은 결코 고정적이지 않다. 이것은 단순히 존재하는 무엇인가가 아니다. 기관 열등감은 그보다는 최종적으로 어디에 어떻게 이용되느냐에 따라 역동적으로 작동된다.

아주 흔한 왼손잡이의 기관 열등감을 좀 더 세부적으로 살펴보도록 하자. 아이는 오른손을 사용하는데 어려움을 느낀다. 어른들은 아이가 오른손을 잘 사용하지 못하는 것을 발견하고 아이를 꾸짖는다. 아이는 점차 스스로에게 믿음을 잃어가고, 부주의하고 서툴러진다. 왼손잡이는 글씨 쓰는 법을 배울 때 글씨를 잘 쓰지 못한다. 그 누구도 아이가 글씨를 잘 쓰지 못하는 이유가, 태어날 때부터 왼손잡이라 오른손으로 글씨를 쓰는 것이 선천적으로 어렵기 때문임을 파악하지 못한다. 아이는 항상 자신이 유별나게 부주의하고 서툴다는 것에 대해 지적받는다. 만약 아이를 과도하게 제멋대로 두어서 매우 이른 시기에 자신의 능력에 대한 믿음을 잃는다면, 아이는 앞으로 직면할 모든 어려움들을 극복할 수 없는 것이라 생각하게 될 것이다. 따라서 아이는 오른손을 쓰는 일에 서툴기 때문에 손으로 하는 재주 익히기를 포기할 것이다.

기관 열등감은 다양한 결함들을 일으킨다.
오른손에 대한 기관 열등감 때문에 극도로 낙담하는 아이들 중에는, 다른 중요한 기능들을 수행하는 데 쉽게 영구적인 결함을 보이는 아이들이 있다. 이 아이들은 앞으로도 항상 어설프고 서투르게 행동할 것이다. 아이들의 손 글씨는 엉망일 테고, 손으로 하는 일들을 수행하기로 결정하는데 어려움이 있을 것이며, 결과적으로 단정하지 못한 아이가 될 것이다. 왼손잡이인 것 즉, 항상 분명하다고는 볼 수 없는 특이점 때문에, 아이는 심지어 읽기를 배우는 데

도 어려움을 겪을 수 있다. 따라서 기관 열등감이라
는 어려움에서 비롯되어 점점 커지는 좌절감은 다
양한 결함들을 일으킨다.

아이는 소화기관이나 방광기관이 열등함에 따라 이
러한 좌절감으로 반응할 수 있다. 아이가 소화기관
의 기능을 조절하는데 큰 어려움을 겪게 되면 아이
는 지저분한 습관을 발달시킨다. 만약 아이가 엄하
게 훈육 받는다면 아이의 성질이 고약해져버린다.
부모가 불안해하고 염려하는 모습을 보이면, 아이는
더 많은 관심을 얻기 위해 자신의 어려움을 이용할
것이다. 요컨대 아이는 어려움을 용기 있게 해결하
려는 태도에서 점점 더 멀어질 것이고, 아이의 열등
감은 더욱 크게 자리 잡을 것이다.

용기가 있는 아이는 기관 열등감을 극복한다.
그러나 이것이 기관 열등감에 반응하는 유일한 방
식은 아니다. 아이가 용기를 잃지 않는다면 아이는
자신의 어려움을 매우 다른 방식으로 다루게 된다.
용기를 가진 아이는 어려움을 관찰하고 극복하려고
노력한다. 아이는 자신이 가진 큰 어려움에 가장 열
성적으로 덤벼들고, 자신을 방해할 만한 어려움들이

내재되어있는 활동들을 뛰어넘어 극복하려고 노력
한다. 이러한 아이는 자신이 가진 어려움들을 터득
하고 싶어 하고, 동시에 삶의 성취감을 느끼고자 한
다. 그리고 이 경우 성공은 아이의 손에 달려있다.
이러한 아이는 처음에 어려움을 겪었던 분야에서
나중에는 뛰어난 성취를 이루어낸다. 왼손잡이 아이
의 서투름은 특별한 재주로 대체되는데, 보통 그 재
주는 예술적인 능력이다. 소화기능에 기관 열등을
가지고 있는 아이는 소화기관을 꼼꼼하고 체계적으
로 조절할 수 있게 되기까지 인내를 가지고 계속
노력한다. 흔히 식사와 배변활동에 부여된 특별한
가치가 원래의 어려움을 대체한다.

열등감을 극복한 이들에게는 과잉보상이 따른다.
이러한 어려움에 대한 반응들은 이전 챕터(p50~ 53)
에서 이미 언급한 바와 같이 열등감을 극복하는데
핵심적인 법칙을 확인시켜준다. 열등감에 대한 보상
을 얻으려는 시도마다 실제적인 보상이 일어나기보
다는 항상 도를 넘는 과잉 보상이 일어난다는 것이
다.
그 이유는 매우 분명하다. 만약 다른 사람들보다 가

치가 없지 않다는 것을 보여주기 위해 열심히 노력
하는 사람이라면, 그는 남들이 자신의 저(低)가치를
알지 못하게 하려고 끊임없이 전전긍긍하면서 살
것이다. 그리고 이 사람이 이미 다른 평범한 사람들
만큼의 전문가가 되었을 때도 그는 여전히 누군가
가 자신을 능가하게 될까봐 안절부절 못할 것이다.
따라서 그는 실제로는 절대로 획득할 수 없는 완벽
이라는 목표를 추구하기 위해 끊임없이 노력할 것
이다. 기관 열등감에 굴복하지 않고 그것을 극복하
려고 하는 사람은 누구나 이 과잉보상의 법칙을 따
른다. 청력에 결함이 있는 가족들에게서 음악 분야
에서 대단한 성공을 이룬 사람들을 흔하게 찾아볼
수 있고, 시력에 모든 종류의 결함이 있는 가족 사
이에서 미술적인 분야에서 성공한 사람들을 흔하게
찾아볼 수 있다. 그러므로 우리는 여기서 처음 접했
을 때는 매우 당황스러운 역설적인 사실 하나를 발
견할 수 있다. 천재들, 예술가들, 그리고 위대한 사
람들은 보통 그들이 뛰어난 업적들을 이루어 놓은
분야에서 기관의 열등감을 분명하게 보인다는 것이
다. 지속적인 기관의 열등함으로 청력에 손상을 입
었던 유명한 음악가 프란츠 슈베르트(Franz Schubert)

와 스메타나(Smetana), 어려서부터 발음기관이 유난
히 약했던 유명한 철학자이자 연설자인 데모스테네
스(Demosthenes)와 빅토르 아들러(Viktor Adler), 시력
에 결함이 있었던 유명한 화가 마네(Manet)와 렌바
하(Lenbach), 그리고 시력의 결함과 로맨틱한 상상력
을 대단히 잘 조합시켰던 유명한 작가 칼 메이(Karl
May)와 쥘 베른(Jules Verne)등은 기관 열등감이 예
술적인 성취에 분명하게 인센티브가 된다는 것을
보여주는 예들이다. 아이들이 왜 특별한 분야에서
특별한 성공을 이루고자 노력하는지, 그 이유들은
의심의 여지없이 매우 많고 다양하지만, 체질적인
기관의 열등이 자극제가 된다는 사실만은 공통적이
다.

기관열등의 증거는 가족병력에서 제공받는다.
그러나 체질적인 기관의 열등이 초래할 결과, 즉 결
함이나 과잉보상에서 추론할 수 있는 것은 아니다.
체질적인 결함이 신체기관의 활동을 어렵게 만든다
는 것이 충분히 증명되었을 때만 그것을 기관 열등
이라고 말하는 것이 타당하다. 그 증거들은 주로 가
족병력에서 제공된다. 즉 어떤 특정한 신체기관에

장애가 있을 때는 그것이 제일 가까운 친인척들 사이에서 매우 흔하게 나타난다는 것이다.

기관 열등이 존재한다는 의심은 많은 지표들로 입증할 수 있다. 장기와 가장 인접해 있는 피부에서 열이 나는 장애가 진행될 경우, 그것은 기관의 열등이나 차후 장기 상태의 악화에 따라 영향을 받은 것이라고 생각한다. 예를 들면, 청각 기관에서 기관의 열등이 의심될 때는 종양이나 귀(耳) 경화증에 의해 발생한 것이라고 추측하는 것과 같은 것이다. 잠재적인 왼손잡이임을 드러내는 몇 가지 지표들이 있다. 박수치기나 카드를 자르는 등의 사소하고 작은 동작들을 수행하는데 지속적으로 왼손을 사용하는 경향을 보이는 것이 그 예이다.

건강한 기관이라도 장애를 발달시킬 수 있다.

다른 한편으로, 우리는 어떤 기관을 사용할 때 생겨나는 모든 어려움들의 원인이 기관 열등감 때문이라는 고정관념을 가져서는 안 된다. 다른 사정이 변하지 않는다면, 사실 인간이 성장하면서 기관들이 평범하게 제 기능을 수행되는 데 방해가 되는 것들은 대부분 기관 열등을 불러일으킨다. 기능 수행을 방해하는 이것이 저항을 강화하는데 자주 이용되고 모면의 양식이 되는 이유이다.

아이는 심지어 기관 열등으로부터 완전히 자유로울 때도 자신의 신체기관을 장애를 촉진시키는데 이용할 수도 있다. 유일하게 안전한 지침은 아이가 그러한 방향으로 자신의 목적을 성취하는지 살펴보는 것이다. 다시 말해 다른 사람들, 무엇보다도 부모가, 아이가 만들어낸 장애에 승복하느냐가 관건이다. 어떤 건강한 기관이라도 장애를 발달시키도록 훈련할 수 있다. 그리고 몇몇 상황에서, 심지어 부차적이었던 기능장애가 충분한 훈련 뒤에는 과잉보상으로 이어질 수 있다. 예를 들어, 소화기관의 결함이라는 자극이 없는 아이들이 단식투쟁을 하게 되면, 나중에 충분한 식사를 하는 것에 지나치게 중요성을 부과할 수 있다.

성취나 업적은 열등감이 초래한 욕망의 결과다.
이러한 인간의 열등감에 대해 과잉보상을 하려는 경향은 인류 역사에서 가장 중요한 부분 중 하나이다. 기관의 열등감이 특정 분야에서 뛰어난 예술적 성취를 이뤄내도록 이끄는 것과 마찬가지로, 어디로든지 더 높이 올라가려는 모든 노력과 인류와 분명의 발전을 도모하는 모든 업적들은, 열등감이 초래하는 신경질적인 감정을 편하게 만들고자 하는 욕망의 결과들이다. 모든 인간은 불안한 순간들을 경험하거나 적어도 기관의 열등과 같은 신체능력의 부족 때문에 많은 문제들을 겪었을 것이다. 인체는 물질적인 난관들만 견뎌내도록 만들어지지는 않았다. 인체는 병과 죽음의 지배를 받는다. 인간은 생성과 소멸의 장대한 법칙을 알고 있다. 인간은 우주 안에서 스스로 작은 존재임을 인식하고 있으며 삶에 녹아있는 모든 괴로움들 또한 인식하고 있다. 게다가 우리 모두는 어릴 적 어른들에 비해 자신이 얼마나 작고 열등한지를 느꼈으며 여러 어려움들을 극복하도록 강요받았다. 앞에서도 확인할 수 있었듯이, 신체의 극단적인 무방비상태는, 확실히 인간으로 하여금 공동체를 형성하게 만들 뿐만 아니라, 인간의 지성을 발달시키게끔 만든다. 불충분한 신체능력에 대한 보상으로 인류는, 스스로에게 내재된 것이 아닌, 돌, 무기, 동물, 자연과 기계의 힘 등 외부의 강력한 힘들을 이용할 줄 알게 되었다.

개인이 살면서 겪는 열등감 역시 개인의 삶을 발전

시키는 원동력이 되기도 한다. 그리고 더 나아가 인류 전체의 더 나은 발전을 돕기도 한다. 열등감을 퇴보와 좌절감으로 끝내버리는 것은, 오직 개인이 더 이상 삶의 유용한 부분에서 취득할 수 있는 성취들을 얻지 못한다고 판단하고 낙담할 때뿐이다.

유전과 장비를 사용하는 것

성격발달의 결정적 요인은 유전이 아니라 장비다.

인간은 본능으로 선택한 활동을 한다.

불합리한 행동은 적대감의 결과이다.

유전과 장비를 사용하는 것

기관 열등감의 중요성과 관련한 일반적인 관찰과 알프레드 아들러가 그 조사를 시작할 때 만들어낸 특수한 과잉보상의 암시는, 개인 심리학 전체의 구조적인 기초를 형성한다. 동시에 유전적 장비의 중요성을 평가하는 완전히 새로운 기준을 제공하기도 한다.

유전의 법칙은 삶이 대대로 이어져 내려오면서 발생하고, 매우 실질적인 차원에서 인간에게 적용된다고 하는 것은 의심의 여지가 없다. 인간은 태어날 때부터 다른 동물들과 마찬가지로 선천적인 성향,

능력, 그리고 연약함 등을 다양하게 가지고 있다. 그러나 인간은 근본적으로 다른 동물들과 다른 특징을 가지고 있다. 공동체 생활이 인간에게 부여하는 '*자연적인 장비*'를 자유로이 다룰 수 있는 능력이 바로 그것이다. 그 능력은 여태까지 친밀한 공동체를 이루고 사는 다른 동물들에게서는 발견된 적이 없었던 것이다.

이전 챕터에서는 이러한 능력의 기술에 대해 다루었다. 이제 장비의 문제에 대해서 좀 더 깊게 살펴보자. 신체의 어떤 기능을 사용하지 않으면 그 기능을 수행하기가 점점 어려워지는 것은 분명하다. 어떤 능력이든 어린 시절의 훈련 부족으로 그 능력이 전혀 발휘되지 못하는 수도 있다. 부모에게 맞서 고의로 훈련받기를 거부하거나 무시하는 아이들에게, 뛰어난 예술적 성취를 이뤄내는 능력과 같은 가장 귀중한 재능이 소용없다. 수학적 재능이나 손재주에도 이것은 똑같이 적용되며, 사실 모든 분야의 능력이 다 마찬가지이다. 인간이 이뤄낼 수 있는 성취의 방법들은 매우 복잡하고, 그 방법들은 훈련 없이 숙달될 수 없다. 훈련이 도외시된다면 능력들은 발달되지 못한 상태 그대로 남을 것이다. 특별한 재능을 가지고 있어도 훈련이 없으면 소용이 없는 것이다.

성격발달의 결정적 요인은 유전이 아니라 장비다.
그러므로 결국 성격을 발달시키는 결정적인 요인은
'*우리가 태어나면서부터 갖추고 있는 장비가 아니
라, 우리가 장비를 사용하는 것*(알프레드 아들러)'에
있음이 분명해진다. 방치와 훈련의 상호작용에 의해
각 개인은 공동체가 요구하는 범위 내에서 본인의
능력과 자질을 형성한다. 개인은 그의 장비가 대표
하는 대로 인과관계 결정론의 제한에서 자유롭다.
따라서 인간이 무엇이 되었는가는 그가 애초에 가
지고 있던 장비의 질로는 결코 판단할 수 없다. 모
든 개인에게서는 오로지 표현형만 볼 수 있으며, 유
전자형에 대해서는 아주 조금밖에 추론할 수 없다.
인간은 다른 동물들처럼 대대로 습득된 많은 것들
을 배울 수 없다. 왜냐하면 우리가 관찰할 수 있는
세대들은 보통 너무 짧다. 뿐만 아니라 모든 분야에
서 각각의 심리학적 현상의 중요성은, 제한된 시간
동안의 행동을 분석을 통해서만 이해할 수 있기 때
문이다. 즉, 심리학적 현상들은 과거의 조상들을 돌
아보는 것이 아니라, 현재의 순간을 관찰을 통해 이

해할 수 있는 것이다.

과학자들은 인간의 신체적 유전이 비교적 다루기 쉽다는 사실을 발견했다. 그러나 이 주제를 논의할 때는 주의가 필요하다. 순전히 신체적인 과정으로 보이는 것이, 개별적으로는 심리학적인 요인으로 변할 수 있기 때문이다. 신체적 구조와 성격의 연관을 설명하는데, 항상은 아니지만, 보통 신체적인 요소가 우선된다. 성격과 신체구조는 확실히 차례차례 서로 영향을 준다. 그러나 인간의 심리적 성격은 타고난 능력이나 신체적 조건만큼, 인간이 자신의 성격적인 목표를 결정할 때, 동일하게 활용하는 부분이다.

인간은 본능으로 선택한 활동을 한다.

인간은 또한 다른 모든 생물들과 마찬가지로, 인간을 지배하는 소위 '본능'이라는 것에 반응하여 선택한 활동을 한다. 자기보호 본능은 배고픔으로, 종을 보전하려는 본능은 성욕으로 표현된다. 이러한 선천적인 욕구들 즉, 본능은 모든 동물들을 지배하는 듯 보이지만, 개미나 벌, 인간과 같이 매우 가까운 공동체를 형성하며 살아가는 생물들은 그 본능의 지배에서 벗어난다. 이미 앞에서 보았듯, 배고픔과 성욕은 컨트롤할 수 있는 것임을 많은 예들을 통해 관찰할 수 있었다. 이러한 욕구와 다른 본능들을 컨트롤할 수 있는 한 우리는, 인간의 행동들이 임의로 본능에 의해 결정된다는 추정이 전혀 근거가 없다고 결론내릴 수 있다. 오직 우리의 행동이 일반상식에 반할 때만, 우리는 '본능' 지상주의에 논의를 제기할 수 있을 것이다.

불합리한 행동은 적대감의 결과이다.

그러나 더 자세히 관찰한 결과에 의하면, 불합리한 행동은 보통 인간 공동체에 의해 수립된 질서에 대한 적대감으로부터 나온 결과이다. 그 안에서 배고픔과 성적 욕망은 방향성이 없는 힘이다. 개인의 성격은 홀로 '본능' 이전에 목표를 설정하고, 그 본능에 특별한 내용을 부여한다. 그러면 굶주림은 식욕이 되고 성욕은 사랑이 된다. '*본능의 만족*'과 관련된 모든 충돌과 복잡함은 이러한 방식으로 발생한다. 이렇게 발생한 복잡함은 '본능'이 가지는 힘의 지표가 아니고 개인에게 문제를 일으킬만한 경향을 보이는 것일 뿐이다. 배고픔은 비교적 적은 범위의

개인적 동기에 대한 성과를 가져오고, 목마름은 실
질적으로 성과가 거의 없다. 그러나 많은 개인적 목
표들이 사랑과 다른 본능적 감정들 뒤에 가려질 수
는 있다.

아이가 가족 내에서 갖는
특징적인 역할

첫째는 동생이 사랑을 훔쳐갔다고 생각한다.

두 아이는 경쟁구도 속에서 살아간다.

부모를 자기편에 둔 아이가 성공한다.

상대방이 못하는 분야에서 월등하다.

아이는 자기편이 되어주는 부모를 좋아한다.

형제가 여럿이면 막내가 특별한 역할을 한다.

외동은 특징적인 역할을 하는 자질을 발달시킨다.

아이가 가족 내에서 갖는
특징적인 역할

♛

개개인은 태어날 때부터 타고난 개성을 가지고 있다는 이론은, 같은 가족 내에서 자란 아이들이 서로 다르다는 사실에서 확신을 얻을 수 있다. 이 이론을 지지하는 사람들은 부모의 행동이 아이의 태도에 영향을 주고, 나아가 아이의 성격 형성에도 영향을 미치는 것은 사실이지만, 부모가 아이들 모두를 비슷하게 대하더라도 아이들의 성격이 다 다르게 나타나는 것은 아이들 스스로 가지고 있는 장비 때문이라는 것이다.

그러나 좀 더 깊이 살펴보면, 각각의 아이들은 가족

내에서 근본적으로 서로 다른 위치에 놓여있다. 이
러한 상황까지 포함한 모든 것을 통틀어 한 개인의
어린 시절을 다른 시각으로 바라보아야 한다. 게다
가 실제로 부모는 두 아이를 절대 비슷하게 대하지
않는다. 그들은 각각의 아이들에게 매우 다르게 행
동한다. 부모가 아이들에게 갖는 애정의 정도가 다
를 수 있고, 아이들에 대해 갖는 생각도 분명 다를
수 있을 것이다. 이 시점에서 한 가족 내의 아이들
이 서로 다른 성격을 갖는 것에 대해 특정한 시각
을 제시할 필요가 있을 것이다.

첫째는 동생이 사랑을 훔쳐갔다고 생각한다.
가장 나이가 많은 아이부터 시작해보자. 첫째 아이
의 어린 시절 중 가장 두드러진 특징은, 비록 기간
이 짧더라도, 그 아이가 외동이었다는 사실이다. 첫
째 아이가 외동으로 있을 동안엔 심한 응석받이로
자라는 경향이 있다. 아이는 가족들의 관심의 중심
에 있고, 부모의 보호를 극진히 받는 특별한 존재이
다. 그러다가 이 아이는 전에 경험해보지 못한 굉장
히 부담되는 상황을 갑자기 맞이하게 된다. 남동생
이나 여동생이 자신을 밀어내는 것이다. 비록 첫째

아이가 동생보다 나이가 몇 살 더 많다고 해도, 아이는 이 상황을 정확하게 판단하지 못한다. 아이는 그저 다른 아이가 계속해서 부모를 독점하고 있다고 생각한다. 특히 엄마가 동생에게 시간과 애정을 모두 투자하며 헌신하는 모습을 보면서 동생이 엄마를 독차지 하고 있다고 생각할 뿐이다. 첫째 아이는 쉽사리 가족 내에 새로 생긴 아기가 자신의 사랑을 훔쳐갔다고 생각해버린다. 당연히 이 아이는 자신도 한때는 엄마한테 똑같은 방식으로 사랑을 받았으며, 동생에게 엄마가 모든 관심을 쏟는다고 해서 그것이 자신을 사랑하지 않는다는 뜻이 아님을 알지 못한다. 따라서 아이는 자신은 부모의 관심 밖으로 밀려났다는 생각을 가진다. 아이의 이런 생각은 첫째 아이로 하여금, 어른들이 이해할만한 질투심을 자주 표현하게 만든다. 비록 이 아이가 둘째가 태어나기 전에는 여동생이나 남동생이 생기길 간절히 바랐더라도 말이다.

만약 엄마가 첫째 아이에게 첫째로서의 중요성과 자신이 더 성숙하고 똑똑한 아이라는 사실을 꼬집어주면서, 아이에게 전혀 줄어들지 않은 가치와 사랑을 깨닫게 해줄 수 있다면, 아이는 결국 둘째와의 가족생활에 협력하게 되고, 스스로의 상황을 좀 더 쉽게 받아들일 수 있게 된다. 그러나 부모들은 첫째 아이의 마음속에서 무슨 일이 일어나는지 전혀 이해하지 못할 수도 있다. 원인을 찾을 수 없는 아이의 질투와 시기에 점점 넌더리가 날 수도 있다. 그렇게 되면 부모는 첫째의 위협적인 행동으로부터 둘째를 지켜내기 위해 둘째를 더더욱 그들의 보호 아래에 두게 된다. 첫째 아이는 좋은 행동을 하여 부모에게 잘 보이려는 노력을 쉽게 포기한다. 대신 자신이 할 수 있는 한 최대로 제멋대로이고 고집스럽게 행동하여 부모의 관심을 얻으려고 한다.

두 아이는 경쟁구도 속에서 살아간다.
가장 좋은 상황들 아래에서도 같은 부모 밑에서 자라는 두 아이는, 경쟁구도라는 분명한 조합 안에서 간신히 함께 살아간다. 첫째는 자신의 우위를 지켜내려고 노력하는 동시에 둘째가 자신의 우위를 가져가지 못하도록 방어하려고 한다. 둘째가 자라면 자랄수록 첫째만의 것이라고 생각하던 특권과 활동들이 둘째에게 넘어가고, 첫째는 자연스럽게 둘째에게 추월당하고 뒤처질지도 모른다는 두려움을 갖게 된다. 첫째는 모든 방면에서 첫째로서, 그리고 좀 더 성숙하고 똑똑한 아이로서 우위를 지키고자 노력한다.

첫째 아이에게 제시되었던 상황들은 둘째 아이 역시 겪는 것들이다. 둘째는 절대 자신보다 조금 더 앞서 자란 형이나 누나에게서 시선을 떼어놓지 않는다. 둘째는 첫째가 자신보다 우위를 차지하려 노력한다는 사실을 확실히 파악하고 있다. 이 아이는 자신이 덜 중요하다는 생각에 억울해한다. 둘째는 열등감을 가지고 첫째인 형이나 누나는 모든 것을 다할 수 있는 반면 자신은 그렇지 못하다고 생각한다. 이것은 착한 행동을 하느냐 나쁜 행동을 하느냐 하는 노선만 다를 뿐, 보통 둘째 아이가 첫째보다 더 활동적인 이유를 설명해 준다.

부모를 자기편에 둔 아이가 성공한다.

첫째와 둘째가 갖는 경쟁의식의 결과는 주로 각각 다른 사람들에게서 얻는 도움에 달려있다. 물론 부모를 자기편에 두는 아이가 더 강한 위치에 놓인다. 또한 가끔 첫째의 경우, 성서에 등장하는 에서 (Esau)처럼, 둘째의 공격으로부터 자신의 위치를 지

키는 것을 단념하여 타고난 생득 권(生得權)을 포기
할 수도 있다. 이 경쟁에서 승리를 거머쥔 아이는
남은 삶에서 다른 아이보다 비교적 성공적인 모습
을 보인다. 그렇지 못한 아이는 앞으로 실패를 너무
쉽게 받아들이게 된다. 두 아이 중에서는 첫째 아이
가 대체로 두 아이의 앞으로의 삶을 결정짓게 된다.
그러나 자주 관찰되듯이 한 아이만 모든 일에서 항
상 이기고, 다른 아이는 항상 지는 건 아니다. 한
명이 어떤 분야에서 우위를 선점하면 다른 아이는
다른 분야에서 우위를 선점한다. 이런 일이 일어날
때 우리는, 어린 시절에 적응한 환경에 대한 태도로
부터 생겨나는 아주 작고 섬세한 부분에 의해서도
개인의 성격발달이 결정될 수 있다는, 분명한 근거
를 가지게 된다.

상대방이 못하는 분야에서 월등하다.
우리는 보통 첫째와 둘째가 가진 본성과 성격에서
둘의 근본적인 차이점을 찾을 수 있다고 해도 지나
친 말은 아니다. 이것은 두 아이가 서로 상대방이
어려움을 겪는 분야에서 우위를 얻으려고 노력한다
는 점을 기억한다면 쉽게 이해할 수 있는 부분이다.

특히 둘째의 경우 첫째의 약점을 파악하는 데에 기묘한 능력을 발휘한다. 둘째는 첫째가 실패한 분야에서 굉장한 성취를 거두고, 부모와 선생님으로부터 칭찬받는 데 성공한다. 두 아이의 나이 차가 크지 않고, 둘 사이에 예민한 경쟁구도가 자리 잡고 있다면, 나중에 이 아이들이 특히 상대방이 잘 못하는 분야의 과목에서 월등함을 보인다는 사실을 발견할 수 있다. 한 아이가 작고 연약하고 병약하게 자라면, 다른 아이는 혈기왕성하고 강하게 자란다. 한 아이가 교육에서 특별히 똑똑한 모습을 보이면, 다른 아이는 다른 분야에서의 성공으로 관심을 얻고자 노력한다. 경쟁상대인 아이가 외모로 매력을 어필하면, 이 아이는 지성과 용기로 사람들의 인상에 깊이 남으려고 노력한다. 그러나 이러한 다양하고 수많은 대조적인 모습들을 일일이 다 분명하게 열거할 수는 없다.

아이는 자기편이 되어주는 부모를 좋아한다.
이러한 대조는 보통 타고난 아이들의 능력들을 바탕으로 해서 나타난다고 생각할 수 있다. 이것은 특히 아이들이 각각 다른 부모를 닮은 경우에 더 분

명하게 나타난다. 그러나 한 아이의 심리적인 태도
가 한 부모를 닮아가는 신체적인 유사성을 더 두드
러지게 만들 수 있다. 특정한 유사성은 부모의 표
정, 제스처, 태도나 말하는 특징들을 모방하면서 생
겨날 수 있다. 특히 특징적으로 유사한 얼굴 생김새
는 특정부위의 똑같은 움직임을 반복적이고 지속적
으로 따라하는 경우 점차 형성된다.

그러나 더 깊은 지점까지 나아가서 본다면 본성과
성격의 유사성은 아이의 특별한 훈련에서 비롯된
결과이기도 하다. 우리가 먼저 왜 아이가 이렇게 특
정한 한 부모를 모방하는지 그 이유를 규명하기는
어렵다. 우리는 단지 이러한 상황이 생기고 난 후에
야 파악할 수 있을 뿐이다.

아이는 보통 가족 내에서 하게 되는 형제와의 싸움
에서 자기편이 되어주는 부모의 성격을 닮으려고
노력한다. 아이는 자기편이 되어주는 부모를 좋아한
다는 것을 피력하면서 반대편에 서 있는 형제에 대
항해 우위에 서길 원한다. 그렇기 때문에 동맹이라
말할 수 있는 부모의 특성과 성격에 달려든다. 이와
달리 힘을 얻고자 하는 욕망이 똑같이 작동되기는
하지만, 많은 아이들이 직접적인 갈등관계에 놓여있

는 부모를 모방하기도 한다.

프로이드는 아이의 성격을 형성하는데 있어서 이러한 상황이 중요하다는 것을 충분히 인식하고 있었다. 그러나 프로이드의 시각에서는 아이가 두려워하고 싫어하는 부모가 오히려 숨겨진 사랑의 목표 대상이 되어 자아이상이 발달되는 것은 매우 복잡한 과정이다. 이에 반해 개인 심리학은 이것을 매우 단순하게 설명한다. 아이의 많은 요구들을 반대하고 아이에게 가혹함을 보이는 부모가, 이 아이의 눈에는 힘의 개념으로 이해된다. 이것이 아이들이 두려워하는 부모의 모습을 모방하는 이유를 설명한다. 아이들은 순전히 이런 부모의 힘을 가지고 싶은 것이다. 그러므로 우리는 아이의 성격발달을 지배하는 근본적인 법칙 하나를 형상화할 수 있다. 아이는 가족 무리 내에서 독립성을 얻고, 힘과 우위성을 얻길 희망하며, 그러한 부모의 성질들을 훈련한다는 것이다.

형제가 여럿이면 막내가 특별한 역할을 한다.
구성원이 더 많은 큰 가족 내에서는 첫째와 둘째의 갈등이 몇몇 반복되는 틀 안에서 이루어진다. 그러나 보통 그 갈등은 덜 격렬한 편이다. 그 결과 중간에 있는 아이들은 대체적으로 좀 더 균형 잡힌 성격을 발달시키곤 한다. 셋째는 흔히 다른 두 형제 중 한 명의 편을 든다. 보통 첫째보다는 그 밑의 아이들이, 두 형제만 있는 가족에서 두 아이가 경쟁구도를 갖는 것처럼, 서로에게 경쟁의식을 갖는다.

이렇게 형제가 여럿인 경우 가장 나이가 어린 아이가 특별한 역할을 수행한다. 단순히 한 아이가 아니라 다른 모든 아이들이 이 아이보다 앞서있다. 다른 모든 가족들이 아이를 제멋대로 굴게 놔두고, 이 아이를 그저 가장 어린 아이라고 여긴다. 보통 막내는 다른 사람들이 자신의 삶을 형성할 수 있도록 도와줄 거라 생각하며 자신의 성격을 발달시킨다. 무력함, 애교, 그리고 변덕스러움 같은 성격들이 그 예가 될 수 있다. 그러나 막내에게 자신이 제일 작다는 사실이 뛰어난 성취욕의 자극제가 되면 아이는 흔히 자신이 매우 똑똑하다는 것을 증명해낸다.

외동은 특징적인 역할을 하는 자질을 발달시킨다.

여자 형제들뿐인 가족 내의 남자아이와, 반대로 남자 형제들뿐인 가족 내의 여자아이는 특별한 위치

에 있다. 이러한 아이들은 자신들의 역할에 대해 감
사하게도 특징적인 영역을 형성하고 이러한 역할들
을 수행하는데 도움이 되는 자질들을 발달시킨다.
이 아이들은 보통 자신의 성별이 가지는 역할의 중
요성을 과대평가하곤 하는데, 자신의 성별이 다른
아이들과의 극명한 차이점을 보여주기 때문이다. 물
론 아이가 자신의 성별에 의해 수행하는 역할에 대
해 부여하는 중요성은, 가족 내에서 부여하는 모든
가치에 의존하여 형성된다. 무엇보다도 부모의 성별
에 따라 부여하는 가치에 영향을 받는다고 할 수
있다. 즉 엄마나 아빠가 가질 수 있는 우위성에 따
라 달라질 수 있다는 것이다.

따라서 사람들이 왜 어린 시절 주변사람들에 대해
특정한 태도를 보이는지 이해할 수 있으며, 특히 왜
이를 통해 스스로에 대해 분명한 인식을 할 수 있
게 되는지를 알 수 있다. 우리는 이제 왜 어린 시절
에 타당하고 이해 가능한 일련의 상황들이 남은 인
생을 통틀어 추구되는지 파악하도록 노력해야 한다.

인생계획의 중요성과
삶의 방식

사람들은 삶의 방식의 변화를 반기지 않는다.

사회적 환경도 인생계획을 세우는데 중요하다.

인생계획의 중요성과
삶의 방식

♛

아이는 태어나면서부터 이제 배워나가야 할 미지의
세계와 삶의 방식을 마주하게 된다. 살아가면서 자
신의 역할과 임무를 수행하기 위해서 아이는 가장
먼저 인간사회의 규칙을 배워야만 한다. 아이가 맨
처음 접하는 것은 자신이 살아가는 환경에 국한된
가정과 공동체의 한 부분이라는 삶뿐이다. 아이에게
그 환경이란 '*삶*' 자체를 뜻한다. 가족 구성원은 '*인
간사회*'를 구성하는 전부이고, 아이는 그 상황에 스
스로를 적응시켜나간다.

아이는 그 단단한 공동체에서 스스로 살아가기 위

해 다양한 업적, 특성, 행동방식, 능력과 기술을 이용하여 노력한다. 거기서 직면하는 어려움은 앞의 챕터에 서술한 바 있다. 조금 더 깊이 살펴보자면, 우리는 여기서 아이가 자신이 개인적으로 경험하고 있는 어려움과 삶의 절대적 어려움이 동일하다는 느낌에 사로잡혀있다는 것을 알 수 있다. 아이는 주위 사람들과 관련한 갈등은 전혀 다른 성격의 것이라는 것을 인지하지 못한다. 아이는 크면서 자신의 위치 때문에 겪는 이 어려움을 함께 자라는 지능의 힘으로 스스로 극복할 수 있게 된다.

사람들은 삶의 방식의 변화를 반기지 않는다.
이 사실은 왜 모든 사람의 성격이 4세에서 6세 사이에 확립되고, 그 이후에는 기본적인 성격변화가 왜 어려운지 그 이유를 설명해준다. 말하자면, 성격이란 아이가 앞으로 남은 인생 내내 고수할, 그 시기까지 발전시켜온 특정한 인생계획의 표현이다.
아이의 인생계획은 하나의 특정한 특성이나 경험에서 비롯된 것이 아니라, 실질적이건 허구적이건, 아이가 지속적으로 겪는 어려움의 반복에서 발생하는 것이다. 각 개인은 그 과정에서 자신의 계획에 쓸모 있어 보이는 방법과 수단을 찾는다. 그리고 개인은 그러한 계획으로부터 자신 스스로와 자신의 모든 행동의 특색을 나타내는 각각의 삶의 방식을 발전시킨다. 생각, 행동, 소망하는 것들은 분명한 상징을 담고 있으며 확실한 방식을 따른다. 삶의 방식이란 우리 삶에 반복적인 리듬을 가져다준다는 점에서 음악의 후렴구와 비슷하다. 모든 사람들은, 그것이 어떤 이유든, 자신의 삶의 방식에 변화를 가져오는 것을 결코 반기지 않는다.

따라서 우리는 왜 외동인 아이가 혼자 있는 것이 극복하기 힘든 어려움이라 느낄 때는 소심해지고, 공동체 안에서 자신이 얼마만큼 인정받는가를 기준으로 공동체 내에서의 자신의 위치를 평가할 때마다, 그 본성을 드러내는지 그 이유를 알 수 있다. 또한 우리는 맏이인 아이가 항상 자신의 자리를 빼앗길까봐 두려워하며 살고, 둘째 아이는 항상 자신이 불리하다고 느끼는 이유도 알 수 있다. 그리고 이는 이러한 사람들이 성장한 후에도 여전히 유년 시절과 같은 상황에 놓여있다고 느끼는 이유 또한 말해준다.

사회적 환경도 인생계획을 세우는데 중요하다.

가정 내에서 직면하는 어려움 외에도 아이의 사회
적 환경 역시 인생계획을 세우는데 중요한 역할을
한다. 공동체 안에서 가정의 위치는 아이로 하여금
공동체 생활에선 특정한 사회적, 경제적 위험이 존
재한다는 결론을 내리게끔 만든다. 사회적 조건들은
아이가 자신의 친구들, 또래와의 관계에서 자신의
위치에 대해 갖는 생각을 결정짓기도 한다. 이러한
난관들을 극복하기 위해서 아이는 확실한 계획을
만들어내기 위해 노력하는 것이다.

가상의 예를 들어보면 상황을 이해하기가 더욱 쉬
울 것이다. 한 아이가 도둑 집단에서 성장한다고 가
정해보자. 그 아이는 스스로 살아가기 위해서는 일
단 자신의 물건들을 잘 관리해야 하고, 남을 쉽게
믿어서는 안 되며, 그들의 나쁜 손버릇으로부터 자
신을 보호해야 한다. 시간이 지나면 그는 그곳을 떠
나 주민 전체가 도둑이 아닌 평범한 곳에서 살아갈
수 있을 것이다. 하지만 그에게 가장 위협적인 공포
는 여전히 절도의 피해를 입는 것이므로 그의 행동
방식은 변하지 않을 것이다. 그는 그 공포가 극단적
이라고 하는 다른 사람들의 말을 믿지 않을 것이고,

항상 자신의 행동을 정당화할 근거를 찾으려할 것
이다. 도난사건이 일어나면 그는 의기양양해질 것이
다. 반대로 습득한 물건을 주인에게 돌려줬다는 얘
기를 들으면 그는 그런 말도 안 되는 사실을 믿을
만큼 자신이 바보는 아니라며 그 보도를 무시하려
들 것이다. 그리고 머지않아 그가 사람의 정직함을
의심할 수 없게 되면, 그는 다른 방식으로 이 딜레
마를 벗어날 것이다. 그는 미쳐버릴 것이고, 적어도
평범한 보통의 사람들과는 다른 사람이 될 것이다.
아마 주변 사람들은 그는 더 나은 천성을 가졌으니
그런 터무니없는 의심을 그만 버리라고 말할 것이
다. 그럼 그는 아마 자신이 편협하지 않은 사람임을
증명하려고 노력할 것이며, 몇몇 사람들을 그를 신
임하기 시작할 것이다. 하지만 그가 처음으로 믿음
을 보인 사람은 사실상 도둑일 가능성이 높다. 이는
한편으로는 그가 유년 시절부터 그런 유형의 사람
들과 친숙하게 지냈고, 그가 무의식적으로 그런 사
람들과 함께 있으면 편안함을 느끼기 때문이다. 또
한편으로 이런 사건은 그에게 자신의 주장이 반박
할 수 없는 사실임을 뒷받침해주는 근거가 될 수
있기 때문이다. "자, 이제 당신이 말하는 대로 했더

니 어떻게 됐는지 봐!" 그 이후로 그는 자신이 어려서부터 배워온 행동의 규칙을 어떤 방해도 없이 수행할 것이고, 자신이 겪는 불쾌한 일들은 모두 다른 사람들의 사악함 때문이라고 생각할 것이다.

이 예는 실제에 비하면 상황이 많이 과장된 것이기는 하지만, 인생 계획의 중요성을 잘 설명해준다. 또한 이는 처음의 계획만 고집하는 것이, 이후의 사실들을 잘못 전달하면서도 가능하기는 하다는 것을 보여준다. 우리는 우리가 어려서 잘못 형성한 삶과 자신에 대한 생각을 고치지 않으려면, 이후에 보고 경험하는 모든 것을 한쪽으로 치우친 관점에서 바라봐야만 한다. 개인이 발전시켜온 이런 사적인 논리는 자신의 실수를 정당화하는 데 쓰이고, 자신이 겪는 난관과 곤란의 대부분이 그의 인생계획의 결점에서 비롯된 논리적 결과라는 사실을 인지하지 못하게 한다.

허구의 목표와
목표를 위한 가이드라인

열등한 아이는 지표가 필요하다.

혼란에 빠졌을 때 가이드라인은 구체화된다.

남성적 목표는 허구일 뿐이다.

허구의 목표는 정신력을 옳은 방향으로 이끈다.

허구적 목표와 가이드라인은 평생 유지된다.

허구의 목표와
목표를 위한 가이드라인

♛

앞서 말했듯이 열등감은, 한 개인이 공동체에 적응하려 할 때나 행복하고 정상적인 생활을 희망할 때, 가장 큰 걸림돌이 된다. 개개인의 주요한 문제는 바로 자신의 가치와 관련된 문제이기도 하다. 자신의 가치가 의심받지 않고 유지되는 한, 심지어 정신적 문제가 아니더라도 지속적인 노력을 요하는 어려움에 직면했을 때에도, 그 개인은 스스로 문제를 일으킬 위험이 없다.

자신에 대해 확신이 없는 사람은, 모든 종류의 신경증을 포함한 주위의 상황과 격렬한 갈등에 빠질 때면, 자신의 가치와 관련된 문제를 해결하는데 가장 큰 어려움을 겪는다. 하지만 어떤 사람도 신경증으로부터 완전히 안전하지는 않다. 특히 도시의 거주자들은 더 심한데, 이는 그들이 맨 처음 접하는 인간 공동체가 대부분 현대사회의 핵가족 형태이기 때문이다.

과잉보상의 법칙에 따라 모든 인간은 삶의 목표를 자신의 중요성의 증대로 잡는다. 개인이 이것을 목표로 삼았다는 것을 의식하지 못하더라도, 그 목표를 이루기 위해 이행하는 모든 행동과 자신의 삶에 편견을 가지게 된다. 그러므로 이 허구의 목표는 개인의 성격을 이해하는데 가장 중요한 역할을 한다. 개인의 열등감이 커질수록 그의 행동은 복잡해진다.

열등한 아이는 지표가 필요하다.

체질적으로 열등한 아이는, 그의 삶에서 마주하는 많은 난관들을 극복하고 언젠가 닥칠 실패의 위험을 물리치기 위해, 매우 많이 노력한다. 여기에는 못생긴 아이, 응석 부리는 아이, 매우 엄하게 자란 아이도 포함된다. 그는 방향감각이 전혀 없기 때문에 자신을 이끌어줄 어떤 지표가 필요하다고 느낀다. 따라서 그는 도움이 되는 꾸며낸 이야기 즉, 허구에 의존하게 되는 것이다. 그는 스스로를 미숙하고, 열등하며, 중요하지 않고, 어떤 판단도 불확실하다고 생각한다. 그는 자신이 그 상상의 세계에서 전지전능한 힘을 부여한 자신의 아버지나 어머니를 두 번째 기준점으로 삼을 때, 자신의 행동과 생각의 기준이 되는 하나의 가이드라인을 찾는다. 그러고 나면 그는 자신이 전능한 아버지의 안전에 대해 가지고 있는 불확실함을 극복하려 노력하고, 심지어 그것을 넘어서려고 한다.

혼란에 빠졌을 때 가이드라인은 구체화된다.

모든 불확실함이나 열등감은 그 삶을 견딜 수 있게 해주고, 안내해주며, 확신시켜줄 어떤 목표의 필요성을 낳는다. 그 결과로 삶이 혼란에 빠졌을 때 도움이 되는 가이드라인의 모든 특성이 구체화되고, 따라서 그 불확실함이 줄어들게 된다. 삶의 복잡함과 혼란 속에서 이 가이드라인은 옳고 그름을 구분하고 위와 아래를 나눈다.

현대의 문명세계에서 자란 아이에게 남자다운 것과 여자다운 것의 개념은 단순히 위, 아래의 구분과 같은 단순한 항목에 지나지 않는다. 아이는 우리 문명은 주로 남성적이었으며, 모든 성인이 더 나은 힘을 가지고 있는데 그 중에서도 남성의 위치가 여성의 것보다 우월하다는 인상을 받는다. 때때로 여성이 남성의 특권을 침범하기도 한다. 그럼에도 남성은 더 강하고, 더 중요하며, 더 운이 좋은 것처럼 보인다. 남성은 육체적으로 더욱 강하다. 신장 면에서 더 유리하고, 더 강한 발언권을 가지고 있다. 아이가 남성이 가지고 있는 이러한 많은 사회적 특권들을 인식하게 되는 순간, 남성을 힘의 상징으로 생각하는 결론에 다다르기 쉽다. 그에게 남성성이란 어떤 것이든 위에 있는 것이고, 여성성이란 무엇이든 밑에 있는 것이 되는 것이다. 그 안에서 여성의 역할은 남성을 돕는 보조자이고, 참을성이 있는 사람인 것처럼 보인다. 남성이 우월하다고 생각함에 따라 소년은 목표에 대한 결심을 촉구한다. "나는 진짜 남자가 될 거야."

이런 관점에서 그는 자신의 가치를 훼손할 것처럼 보이는 모든 위협에 대하여 저항한다. 따라서 그 '*남성적 저항*'은 그의 전체적 성격에서 가장 주요한 허구가 된다.

남성적 목표는 허구일 뿐이다.

우리는 또 여성이 자신의 성적역할을 받아들이려 하지 않을 경우 여성에게서도 이러한 남성적 목표가 나타난다는 점을 알아냈다. 힘이나 지식만 갈망하는 여성 몇몇은 이 이상적인 남성상을 바꾸어 놓았다. 사실 모든 사람들은 이런 남성적 목표를 가지고 있거나 이와 동등한 목표를 가지고 있다.

남성적 목표는 당연히 그저 무엇이 '*위*'에 있고, '*아래*'에 있는지를 결정하고, 개인이 가이드라인을 선택하게 하는 꾸며낸 이야기일 뿐이다.

모든 아이들은 각자 삶의 경험이 보여주듯 '*위*', '*아래*'와 같은 서로 상반되는 개념의 쌍을 많이 만들어 낸다. 보통의 아이들도 키가 크고, 힘이 세길 원하고, '*아버지 같은*' 것의 명령을 따르며, 이러한 최종의 목표는 그들의 행동에 영향을 끼친다. 스스로가 작고, 무력하게 느껴지는 아이는 마치 자신이 이 세상에서 가장 우월한 존재인 것처럼 행동해야 하는 허구를 가이드라인으로 받아들일 것이다.

허구의 목표는 정신력을 옳은 방향으로 이끈다.

신경증 환자만 자신의 삶을 이러한 허구와 일치시

키는 것은 아니다. 건강한 사람 역시 사회에 대한 자신의 생각과 경험을 이 허구에 일치시키려 노력하지 않는다면 사회에 적응할 수 있다는 희망을 모두 포기해야 한다. 이러한 허구들은 불확실의 시대에 굉장히 명확한 형태로 가정되고, 개개인의 의견, 믿음, 이상 등에서 표현된다.

힘을 최종의 목표로 하는 허구는 모든 사람에게, 특히 자신에 대한 확신이 부족한 신경증 환자들에게, 매력적으로 다가온다. 이 허구의 목표가 끼치는 영향은 엄청나다. 이는 모든 정신적 힘을 옳은 방향으로 이끌어간다.

허구적 목표와 가이드라인은 평생 유지된다.
인간의 허구적 목표와 그 목표를 이루기 위한 가이드라인은, 드물게 자기인식을 관철하는 이들에 의해 밝혀지는 경우를 제외하면, 평생을 변하지 않고 그대로 유지된다. 그것이 변하기 위해서는 개인의 자각이 반드시 필요하다. 인간의 성격은 그의 인생 계획, 허구의 목표, 가이드라인에서 비롯된다. 열정과 '본능'은 과장된 특성이다. 보기에 매우 자연스러운 성격의 변화가 가끔 일어나기도 한다. 이는 그 사람

이 보기 드물 정도의 통찰력을 발휘했거나 환경의
변화와 같은 외적 영향을 받은 경우가 아니라면, 그
변화가 매우 피상적이었음이 서서히 드러날 것이다.
인간은 그가 가장 소중하게 지켜온 목표를 포기하
지 않는다. 그래서 결과적으로 기본적인 개인의 본
성은 그대로 유지하고 있다. 단지 그 수단과 방법이
변했을 뿐이다.

무의식과 양심은
대립되는 개념인가?

사고능력은 언어능력과 함께 발달한다.

무의식은 의식의 범위를 벗어나는 모든 것인가?

잠시만 잊은 정신적, 심리적 과정이 무의식이다?

양심은 보호자의 원칙과 규칙을 수용하는 것이다.

양심과 욕망 중 하나를 선택할 땐 변명을 한다.

무의식 대신 '인정하지 않는'이란 말을 사용하자.

무의식과 양심은
대립되는 개념인가?

♛

보통 사람들은 자신의 마음이 어떻게 작동하는지 알지 못한다. 주위에서 지켜보는 사람에게는 분명하게 보이지만, 개인은 자신이 그 성향과 반대로 행동하고 있다는 사실을 인지하지 못한다. 여기서 우리는 주목할 만한 사실을 알 수 있다. 개인이 '*무의식*'의 성향, 경향, 동기를 가질 수 있다는 것이다.

현대사회에서 정신분석이 크게 유행하면서 '*무의식*'이라는 단어는, 그 안에 내포된 복잡한 문제를 제대로 이해하지 못한 채 누구나 사용할 만큼, 대중화되었다.

사고능력은 언어능력과 함께 발달한다.

의식은 정신의 능력 가운데 비교적 이해하기 쉬운 것 중 하나이다. 인간은 자신의 마음에서 어떤 일이 벌어지고 있는지 대부분 '*알 수 있는*' 능력을 가지고 있다. 우리가 '*의식*'이라 부르는 이 지식은 뇌의 특정 부분에서 수행하는 기능과 관련되어 있는 것으로 보인다. 하지만 인간의 두뇌에서 그 부분이 단순히 전체의 일부분에 불과하다는 사실이 밝혀졌을 뿐만 아니라, 내부관찰은 인간 두뇌의 많은 부분이 사실 아무런 기능도 하고 있지 않을 가능성이 있다는 사실을 밝혀냈다. 또한 의식의 중심부에서 행해지는 기능들은 인간 두뇌의 작용 중 미미한 부분들만 구성하고 있음이 규명되었다. 바꿔 말하자면 의식은 인간 두뇌의 다양한 기능 중 하나에 불과하다는 것이다. 동시에 우리는 우리가 의식적 사고를 할 수 있는 능력인 언어능력이 발달하면서 같이 발달할 것이라 생각할 만한 근거를 가지고 있다. 의식적 사고는 항상 상징적이기 때문에 언어와 의식적 사고는 매우 근접한 관계에 있다. 그런 이유에서 상징이나 언어 없이 의식을 이해하고 설명하는 것은 거의 불가능하다.

무의식은 의식의 범위를 벗어나는 모든 것인가?

그렇다면 반대로 무의식이란 무엇인가? 인간 두뇌에서 의식의 범위를 벗어나는 모든 것을 '*무의식*'이라 지칭하는 것이 과연 옳은가? 인간의 두뇌는 아주 다양한 기능을 수행하는 반면, 의식은 하나 혹은 많아야 몇 개의 생각만 할 수 있으므로 이것이 옳다고 하기는 힘들다. 인간의 감각기관을 자극하는 수많은 인상들은 반사작용을 일으키고, 많은 행위들은 별다른 생각 없이 자동으로 따라온다.

우리가 일상에서의 성취를 전문적으로 해내기 위해선 먼저 그것들을 배워야 한다. 그 성취가 육체적이든 지적이든 간에 그것을 수행하기 위한 기술은 사실 그 근원이 대뇌피질이다. 그것은 날카로운 관찰력을 길러야만 얻을 수 있다. 두뇌훈련 과정이 진행될수록 복합체의 전체적인 중심이 고정되고, 이는 서서히 피질 하에 파묻히게 된다.

예를 들어, 걷는 행위는 셀 수 없이 많은 근육의 운동이지만, 그것들은 서로 합쳐져 하나의 독립된 집단을 형성하기 때문에, 우리는 더 이상 그 근육들을 조정할 필요가 없다. 따라서 걷는 행위는 후천적으로 습득된 성취로, 우리는 의지에 따라 그것을 사용할 수도 사용하지 않을 수도 있다. 언어를 배울 때 우리는 하나의 단어를 마스터하고, 구절을 배우고, 소리를 반복한다. 그 과정 후에 우리는 특정 어휘를 구사할 수 있고, 자신을 표현할 수 있으며, 단어를 발음할 수 있게 되고, 그렇게 우리는 우리가 그 언어를 사용하고 싶을 때 자동적으로 사용하는 힘을 얻는 것이다. 과연 무의식적으로 진행된 이 모든 두뇌작용을 '*무의식*'의 범주에 넣는 것이 합리적일까?

잠시만 잊은 정신적, 심리적 과정이 무의식이다?

위의 질문에 답을 하기 전에 대중적으로 사용되는 '*무의식*'이라는 말의 의미를 먼저 살펴보자. 사람들이 '*무의식*'이라는 단어를 자신이 알지 못하는 모든 것을 지칭하기 위해 사용하는 것은 아니다. 그렇지만 그들은 간혹 자신이 어떤 분명한 행위를 무의식적으로 했다고 말하기도 한다. 사실 이 용어가 주로 프로이드에 의해 대중화되기 시작한 이래로, 사람들은 단순히 '*알아야 하는 것인데 사실 그것에 대해 아무것도 몰라.*'라고 말하면 되는 것을 '*무의식*'이라고 표현하기 시작했다. 그들은 자신의 의식의 범주 안에 들어있지만, 그 특별한 사례에서만 잠시 잊은

모든 정신적, 심리적 과정을 '*무의식*'이라 표현하는
것이다.

'*무의식*'의 특성은 단순히 우리가 알지 못하는 성향
또는 경향의 이상으로 규정된다. 일상에서 우리는
주로 계획을 짜고, 희망을 수행하는 부분에서 의식
이 그 역할을 한다는 사실을 알고 있다. 의식적 사
고는 행위를 위한 방식을 준비하고 마련한다.

그러나 현대의 심리학 연구는 그 준비의 과정에서
도 의식이 수행하는 역할은 추정되었던 것처럼 결
정적이지 않다는 사실을 보여준다. 유아의 행동은
그 차이에 대한 연구이다. 유아는 자신이 원하는 것
이 무엇인지 알고 있고, 어떤 행위의 결과가 어떨지
인식하고 있으며, 매우 복잡한 상황을 정확히 판단
할 수 있다. 이 모든 행위는 그가 언어적 측면에서
의식을 가지고 있을 가능성이 없는 나이 즉, 상징적
사고가 불가능한 주로 1세 미만의 유아기에 행해진
다.

따라서 우리는 '*무의식*'을 의식이 아직 발달하지 못
한 과정이라고 설명해선 안 된다. 우리는 '*무의식*'과
'*의식*'의 차이를 그 둘의 개념을 인식하기 전부터
알고 있다. '*무의식*'을 의식이 부족한 곳에 존재하는

것이라 추정하는 것은 불합리하다. 의식은 사고가 발달하고, 성격을 인지해가는 과정에서만 발달하기 시작한다. 그러면 우리는 이제 의식의 분열이 어떻게 일어나는지 물어보아야 한다.

양심은 보호자의 원칙과 규칙을 수용하는 것이다. 아이의 성격은 인간 공동체에서 수행하는 역할에 의해 발달한다. 그것은 그가 공동체에 적응하는 과정에서 어떤 문제에 직면하는지, 그리고 주위 환경에 대해 긍정적인 방법으로 문제를 해결하는지 못하는지를 뜻한다. 그의 행동의 대부분은 주위 환경과의 갈등 상황에서 선택하는 전략적 행동이다. 아이의 보호자는 서서히 이 전략적 행동을 이해하지 못하게 된다. 그들은 그 행동의 실제 원인을 찾는 것을 포기하고, 그 행동이 그저 아이를 꾸중할 만한 잘못을 나타낸다고 생각한다. 보호자는 아이가 그 태도를 고치는 데 도움을 줄 수 있는 영향력을 서서히 잃는다. 단지 그 행동이 잘못되었다는 사실만 강조하는 역할로 모습이 변한다. 아이가 보호자의 원칙을 거부하는 한 그 아이는 보호자에게 얼마든지 반항할 수 있다. 그의 고집스럽고 반항적인 행동

은 매우 일관적이다. 하지만 성인은 아이가 공개적
으로 반항하기 어려운 힘을 가지고 있다. 따라서 아
이는 특히 도움이 필요할 때면 표면적으로는 그 보
호자를 잘 따르는 것처럼 행동한다. 이것이 양심이
발달하기 시작하는 시점이다. 양심은 보호자의 원칙
과 규칙을 받아들이는 것, 그 이상도 이하도 아니
다.

양심과 욕망 중 하나를 선택할 땐 변명을 한다.
모든 아이는 정해진 규칙이 무엇인지 자신이 어떻
게 행동해야 하는지 잘 알고 있다. 대부분의 아이들
은 형식에 한해서 이 규칙을 잘 따르는데, 그것을
어기는 일은 너무 위험하고 어렵기 때문이다. 공개
적인 반항을 하는 대신 아이는 내적으로 갈등하는
데, 이때 보호자는 이런 내적 갈등을 하나의 '*자제*'
훈련으로 보고, 그것이 궁극적으로 '*착한*' 아이를 만
든다고 생각해 이를 장려한다. 당연히 이러한 양육
방식은 절대 성공할 수 없다. 아이의 호전적이고 부
정적인 충동은 아무리 좋은 의도로 포장한다 해도
변하지 않는다.
유년기에 발생하는 이런 상황은 시간이 지나도 아

주 조금만 변화한다. 처음에 양심은 보호자의 희망을 나타낸다. 시간이 지나면서 이는 공동체의 법과 질서를 상징하는 것처럼 보인다. 양심은 공동체의 요구를 인식하고 있다는 것을 나타내고, 한 개인이 '좋은' 교육을 받았다면 그는 이 요구들을 받아들이는데 문제가 없다. 하지만 공동체에 적개심을 드러내거나 개인적 우월함을 욕망하는 동기를 따랐을 때 그는 내적 갈등에 빠진다. 일반적인 도덕의 관점을 대표하는 그의 자아는 스스로를 반사회적 경향에 선동당한 행동들과 대립되게 배열한다. 그가 기존의 목적에 전념하지 못하고, 두 개의 모순된 목적 가운데 하나를 선택해야 하는 순간이 오면, 그는 자신이 어릴 적 보호자에게 해서 성공했던 방법을 선택한다. 변명을 하는 것이다.

처음에 변명을 하게 된 이유는 보호자를 진정시키고, 처벌을 피하거나 그 강도를 가볍게 하기 위해서였다. 양심의 교육이 더 진행되고, 개인이 스스로 규칙의 정직함에 대해 확신을 가진 이후에는, 양심보다 빨리 변명을 만들어야 한다는 사실을 그 스스로 깨닫게 된다. 가장 좋은 방법은 자신의 사악하고 부자연스러운 경향에 대한 책임감을 부정하는 것,

즉 그것에 대해 아무것도 모르는 상태가 되는 것이다. 무의식은 이렇게 만들어진다.

무의식 대신 '인정하지 않는'이란 말을 사용하자.
무의식은 사람들이 책임을 지지 않는, 혹은 책임을 회피하기 위해 자신이 가지고 있지 않다고 주장하는, 모든 감정과 욕구와 경향을 포함한다. 프로이드가 주장했듯이 무의식은 성적 정서의 '억압'에 있어 한계가 없다. 초기 정신분석학에서는 성적 활동이 특별히 제한되어 있는 것으로 보았다. 요즘 사람들은 자신의 성적욕구를 인정하는 것보다 자신이 지고 있는 책임이나 인생을 어느 정도로 준비하고 있는지 인정하는 것을 더 내켜하지 않는다. '무의식'은 정신분석학에서 말해왔듯이 어떤 불가사의한 힘이 아니다. "어쨌든, 삶에서 완전히 알 수 있는 것은 없고, 완전히 알 수 없는 것도 없다." 만약 사람들이 '무의식' 대신 더 정확한 '인정하지 않는'이란 말을 사용한다면 그들이 단순한 문제를 굳이 복잡하게 만드는 일은 없을 것이다.

성격의 단일성과
개인의 다양성

개인의 모순은 공동체에 도움이 된다.

자기 조절을 잘 하는 사람은 자랑스러워한다.

성격의 분열은 현실과 상상의 요구를 조화시킨다.

성격의 단일성과
개인의 다양성

♛

실질적으로 모든 사람들은 자아를 두 개의 부분으로 나눈다. '*해야 한다*'와 '*해서는 안 된다*'의 대립, 또 '*할 것이다*'와 '*할 수 없다*'의 대립이 그것이다. 이 대립은 언제나 개인의 자기기만에서 비롯된다. 이는 어떤 행위나 행동의 책임감을 타인으로부터 혹은 자기 자신으로부터 면제받고 싶은 개인의 변명인 것이다. 애초에 그가 내적 갈등을 일으키는 목적 자체가 자신의 무고함을 밝히는 것이다. 스스로 좋은 의도를 가지고 있었음에도 구조적인 결함이나 선천적인 성격의 결점으로 인하여 좋은 의도를 전

달하지 못했다는 것을 보여주기 위함이다. 현실에서
일관적인 목적성을 가진 성격의 단일성은 모든 모
순을 초월하고, 그것의 기저가 된다.

성격의 단일성의 원칙은 개인 심리학을 가능케 하
였다. '*개인 심리학*'이란 용어는, 간혹 잘못 해석하
는 사람들도 있지만, '*완전한*', '*분할할 수 없는*'을
뜻하는 라틴어 '*individuum*'에서 유래했다. '*개인의
다양성*'은 각자의 인생 계획의 결과이고, 이는 개개
인을 서로 다르게 하며, 그 사람만의 특징을 만든
다. 개인의 인생 계획은 일관적인 목적성에 그 기반
을 두고 있고, 이는 전체적인 계획에서 그의 모든
행동에 특별한 장소를 부여한다. 개인의 모순과 우
리가 종종 자신과 타인에게서 알아차리는 이중성은
일관된 행동양식을 형성한다.

개인의 모순은 공동체에 도움이 된다.
모순과 양극성은 자신의 목적을 공개적으로 추진할
의도가 없는 개인의 생각과 행동도 예외 없이 규정
한다. 정반대의 행동노선을 따라 같은 목적을 달성
할 수 있다는 가능성은 개인이 업무를 회피하고 무
책임함을 숨기기 위해 변화하는 이유를 설명해준다.

아이가 순종적이든 반항적이든 자신의 가치와 성격의 중요성을 내세우고, 성인들로부터 우위를 얻으려고 하는 그 목적은 같다. 아이의 반항은 성인에게 자신의 무력함을 드러내는 직접적 증거로 보인다. 반대로 아이의 순종은 성인이 아이를 이용하고 그들의 도움을 강요하게끔 한다.

자신이 여성을 잘 다룰 수 없다고 생각하여 여성을 두려워하는 남성은 여성을 혐오하는 자가 될 것이다. 그래서 여성으로부터 멀어지거나, 여성간의 사이를 떼어놓기 위해 난봉꾼인 척 할 것이다.

너무 많거나 적은 열정은 어떤 업무의 수행을 방해할 것이다. 실패의 위험성과 함께 그 업무를 회피하는 것을 가능하게 한다. 양립할 수 없는 감정과 소망간의 갈등을 포함한 개인의 모순은 공통의 목적에 도움이 된다. 이 눈에 보이는 모순은 앞으로 소개할 우화에서 의도하는 결과를 성취하기 위해 필요한 것이다. 우화의 내용은 호바트 박사의 도움을 받았다.

시골길을 따라 걷던 여행자가 두 명의 부랑자와 마주친다. 그 중 한 명은 여행자에게 말을 걸었다. 친절하게도 그는 여행자에게 앞으로 이어질 길에 대한 정보와, 빨리 갈 수 있는 지름길과, 근처의 쉬어 갈 수 있는 숙소에 대한 정보도 알려주었다. 그 동안 다른 한 명의 부랑자는 그 기회를 틈타 여행자의 가방에서 물건을 훔쳤다. 나중에야 가방을 도둑맞은 사실을 눈치 챈 여행자는 그 두 부랑자가 태도는 서로 눈에 띄게 달랐어도 한패였음을 알아차릴 것이다.

두 가지의 성향 중에서 계속 우물쭈물하는 사람은 일반적으로 속임수를 통해 부정적인 목적을 달성하려는 사람이다. 그가 모순된 행동을 하는 것은 그 부정적인 목적을 자신의 양심으로부터 감추려는 것이다. 두 사람 모두에게 매력을 느끼지만 결정하지 못하는 사람은 둘 모두와 거리를 두고 있으나, 자신의 마음을 정하고 싶어 하는 것 같은 인상을 준다. 사람들이 종종 두 개의 선택지 사이에서 고민하는 것은 사실 고민이라기보다는 단순히 시간을 좀 더 벌어 선택을 미루고 싶어 하는 쪽에 가깝다.

자기 조절을 잘 하는 사람은 자랑스러워한다.
이전의 챕터에서는 모든 내적 갈등의 중요성에 대해 다뤘다. 중요하지 않은 문제만 관련되어 있다면,

내적 갈등은 종종 전쟁의 최전방에서 떨어져 나와 뒤편에서 화려하기만한 거짓된 영광에 만족한 채 살아가는 사람들에게 낭만적인 제스처를 취할 기회를 준다. 자신의 감정과의 갈등조절을 잘하는 사람은 그것을 곧 '자기 조절'을 잘한다는 의미로 받아들인다. 그리고 그 사실을 자랑스러워하기 때문에 품위 있는 행동의 사소하고 당연한 세부정보를 매우 중요하게 생각한다. 사실 그가 자신이 감정과의 갈등에서 승리하는 것을 특별히 자랑스러워하는 데에는 아무런 이유가 없을 수도 있다. 예를 들어 긴급히 돈이 필요한 다른 이유가 없는 경우 그가 특정한 사치품에 빠져 살지 않는다는 점에 별다른 장점은 없다. 하지만 오랜 시간 동안 자신의 사치품을 향한 갈망과 투쟁하다 마침내 그것을 극복하고 나면 자신 스스로가 얼마나 고귀하게 느껴지겠는가!

개인이 목적성에서 가지는 모든 모순은 기만적인 것이다. 공동체 의식과 열등감은 이중성을 불러일으키는 적대적 요소가 아니다. 오히려 이 두 감정은 모든 행동의 특징을 나타내는 협동적 요소에 가깝다. 특정 개인이 특정 상황에서 추구하는 목적을 알아내기 위해서는 당연히 그가 처해 있는 특별한 상

황을 알아야 한다. 무엇보다도 그의 성격에 대한 통
찰력을 가질 필요가 있다. 같은 행동과 같은 모순이
라도 각기 다른 사람에겐 매우 다른 문제를 포함할
수도 있다. 생각, 소망, 감정은 그 사람의 성격보다
행동을 이해하는 데 더 보탬이 된다. 어떤 특정한
상황에서 우리는 생각과 감정이 행동만큼의 가치를
갖는다고 생각한다. 반면에 생각과 감정, 무엇보다
도 소망은 실제 행동과 모순되는 경우가 매우 잦다.
행동은 비록 자주 허구적 목표를 향하기도 하지만,
유일하게 우리가 성격을 이해하는데 사용할 수 있
는 안전한 지침이다. 우리는 이외의 모든 것을 단순
히 문양쯤으로 여겨야 한다. 사실 모순되는 모든 행
동과 소망은 오해의 소지가 있다.

성격의 분열은 현실과 상상의 요구를 조화시킨다.
행동의 중요성을 제대로 알아볼 수 있는 힘은 우리
가 인간 본성을 연구하는데 사용할 수 있는 기술만
단련시키는 것은 아니다. 이는 독학과 관련될 때 가
장 가치가 있다. 특히 우리는 일상생활에서 우리의
생각과 감정, 소망에서의 모순이 의식 의 가장 눈에
잘 띄는 부분에 있다는 것을 발견한다. 그리고 그에

따라서 스스로의 행동을 판단해야 한다는 것을 잊는다. 자신에 대한 이해가 어려운 이유는 자신의 도덕적 성격을 유지하기 위해서 공동체나 스스로에게 해가 되는 모든 충동을 자신으로부터 숨기려 하기 때문이다. 더불어 진정한 자기이해는 자신에 대한 당황스러운 사실들을 밝혀낸다. 우리의 허구적 목표는 드러날 것이고, 우리는 그것이 잘못된 것이니 포기해야 한다는 사실 또한 알게 될 것이다. 하지만 성격의 분열은 우리가 현실 환경의 요구와 상상 속 권력의지의 요구를 조화시킬 수 있게 한다.

신경증 환자의
삶과 행동 사이의 모순

신경증은 신체적 기능을 제한한다.

신경의 힘은 방해에 민감하다.

신경증이 시작되는 시점은 뚜렷하다.

신경질환은 시험을 회피하려는 경향을 감춘다..

신경증상은 신체적 고통이 시작되면 없어진다.

신경증 환자는 매번 최대치의 반응을 보인다.

긴장감은 신경증 진행에 중요한 역할을 한다.

기관 신경증은 기관 열등감과 관련이 있다.

신경증의 내적 형태는 항상 같다.

신경증 환자는 적대감을 숨기려한다.

신경증 환자의
삶과 행동 사이의 모순

♛

신경증 환자의 삶은 소망과 행동 사이의 모순으로 가득 차 있다. 신경증이 발견될 때마다 우리는 그것이 근본적으로 이 모순에서 시작됐다는 것을 알 수 있다. 신체의 부상이 인간이 자신과 그의 행동, 인내력을 자유롭게 조절하는 데 영향을 미치는 것처럼 신경질환도 그것에 영향을 끼친다. 하지만 아직까지 직접적으로 신경증 증상과 일치하는 것으로 밝혀진 신체적 연관성은 없다. 사실 유기체는 매우 건강하다. 객관적으로 추적 가능한 신체적 변화는 자율신경계에 제한되어 있다. 하지만 이는 정신으로도 조절할 수 있는 신체적 기능을 조절하는 기구에 지나지 않는다. 신경증의 모든 신체적 증상은 정신적 불안에서 비롯된다. 더불어 자율신경계에서 나타난 모든 병적 변화 역시 같은 방식으로 설명할 수 있다.

신경증은 신체적 기능을 제한한다.

우리는 신경증 환자들 가운데 아픈 것 같다는 인상을 주고, 틀림없는 질병의 증상을 보이는데 건강한 사람이 있다는 사실을 무시할 수 없다. 이는 '*단순히*' 긴장한 것과 '*진짜*' 질병을 구분하여 진단을 내리는 것이 결코 쉽지 않다는 것을 뜻한다.

지금부터 이야기할 사례는, 인간이 틀린 비유를 통해 자신은 물론 다른 사람도 속일 수 있다는 사실을 보여주는 예이다. 우리는 한 사람이 자신의 행동과 소망 사이의 모순이 어떠한 이득을 가져다준다고 판단되면, 바로 스스로를 자신의 의지와 분리한다는 사실을 알고 있다. 신경증은 신체적 고통과 신경증 자체의 비유를 이끌어낸다. 이는 실제로 의지의 신체적 기능을 제한한다. 따라서 신경증 환자들은, 물론 인정하진 않지만, 손상되지 않은 의지의 힘을 질병의 증상을 복제하는데 쓴다. 그 증상은 자신이 의지에 내린 명령이 제한된 것처럼, 신체적 질병이 그러했던 것처럼 느끼게 한다.

신경의 힘은 방해에 민감하다.

무의식적으로, 말하자면, 그것이 어떻게 처리되었다는 것을 알지 못한 채 질병을 어떻게 처리할 것인가 하는 문제는 비어드(Beard)의 가르침에 의해 단순화되었다. 많은 전문가와 비전문가들이 연구해온 이 가르침은 신경의 힘이 방해에 민감하다는 가설을 제안했다. 비어드는 오늘날 불안함이라고 묘사되는 신체적 증상을 찾으려 노력했고, 그 증상들을 신경계 또는 '*신경*'질병이라 불렀다. 하지만 '*신경의 힘*'이 존재한다는 가설은 객관적으로 증명될 수 없다. 신경의 힘은 과로, 흥분, 성적 도착, 그리고 선천적으로 유약한 사람들이 느끼는 부담에 의해 쉽게 지치는 것으로 알려졌고, 이는 신경질환이나 신경쇠약의 원인이 된다. 개인이 가지는 인내력의 한계는 스스로가 주관적으로만 발견할 수 있다. 따라서 한 개인이 업무를 회피할 때마다 그 회피를 자신의 신경의 힘이 그 업무의 부담감을 견딜 만큼

강하지 않기 때문에 발생한 질병의 한 형태로 여긴
다. 이러한 가르침은 사람이 할 수 있는 것과 하고
싶은 것의 '모순'을 대중화시켰고, 덕분에 사람들은
그 생각을 필요할 때마다 이용할 수 있게 되었다.
사실, 한번 이 개념을 받아들이고 나면, 그들에게
필요한 것은 단지 스스로가 질병의 증상을 배울 수
있다는 사실뿐이다. 따라서 만약 그렇지 않았다면
절대 심각하게 여겨지지 않았을 의학적 가설은 있
을 것 같지 않음에도 불구하고 급속도로 대중에게
받아들여지는 것이다.

신경증이 시작되는 시점은 뚜렷하다.
신경증이 시작되는 시점은 항상 뚜렷하다. 이것은
개인이 자신이 수행할 수 없다고 느껴지는 업무에
맞닥뜨렸을 때를 뜻한다. 하지만 신경증 환자들은
아주 자연스럽게 자신이 인생에서 마주하는 어려움
들은 병의 원인이 아니라 결과라고 주장하려 한다.
때문에 이것이 항상 아주 확실한 것은 아니다. 심지
어 자신의 질환 자체를 부정하려는 환자들도 많다.
많은 환자들이 자신이 마주한 어려움 자체를 부정
하는데, 이는 그들이 불안 증상이 도움이 된다는 의

심을 피하고 싶어 하기 때문이다. 대다수의 사람들이 인생의 업무를 수행하기 위한 준비가 아직 안 되었기 때문에 불안해하고 초조해지기 쉽다.

심지어는 아이들조차 어떤 부담을 견뎌야 한다. 이는 신경과민으로 이어질 수도 있다. 이는 소위 말하는 문제 아동의 불가능한 행동을 통해 표현된다. 둘째아이가 태어났을 때, 혹은 학교가 시작했을 때, 제멋대로 하는 아이는 갑작스럽게 이제까지 보지 못했던 업무에 맞닥뜨린다. 환경의 변화나 어머니의 죽음은 그를 더욱 힘들게 할 것이다. 그가 이런 시험적인 상황을 벗어나려하고, 요구되는 많은 것으로부터 회피하려 한다면 아마 첫 번째로 신경증상이 나타날 것이다. 이는 소화기관에 영향을 끼치는 야뇨증 같은 증상처럼 신체기관의 기능저하로 나타날 수 있다. 공포와 분노의 격발 또한 신경증상이다. 이는 부모가 아이에게 져주고, 아이가 특정 업무를 하지 않아도 되도록 만드는 아주 명확한 목적을 가지고 있다. 그것은 아이가 자신만의 길을 걷기 위해 사용하는 일종의 무기인 것이다.

특히 두려움은 실질적으로 모든 아이들이 한번쯤은 사용하는 무기이다. 아이는 부모의 도움을 얻기 위

해서는 자신의 유약함을 강조하는 것이 가장 쉬운
방법임을 알고 있다. 자신이 가진 힘에 그다지 자신
이 없는 아이는 매우 쉽게 불안해하여 극심한 공포
를 느낀다. 아주 적은 부담, 즉 짧은 시간 동안 혼
자 남겨지는 정도의 부담이, 자신에게 지워지는 그
순간 바로 불안해한다. 성인이 된 다음 신경 질환이
발생하면 그는 아마 어려서 배운 이 두려움이라는
무기를 한번쯤 사용할 것이다. 이는 많은 신경증 환
자의 삶에서 두려움이 왜 그렇게 커다란 역할을 하
는지 그 이유를 설명해준다.

신경질환은 시험을 회피하려는 경향을 감춘다.
때때로 학생들 또한 신경쇠약을 겪는다. 학생들은
주로 시험을 앞두고 극도로 긴장한다. 잠을 제대로
자지 못하고, 혼란스러워 하거나 매우 흥분하며, 신
경쇠약의 모든 증상을 나타낸다. 많은 사람들이 성
장한 이후에도 학교 시험에 대한 꿈을 꾸기도 한다.
그들은 학교에서 자신의 능력을 시험으로 평가받은
것처럼, 능력이란 삶에 의해서든 인간 공동체에 의
해서든 항상 시험받아야 하는 것이라고 느낀다. 현
실에서 시험받는 것은 공동체 의식과 협동하고자

하는 마음이 전부이다. 좋은 사람이 된다는 조건하에서만 협동하는 사람과 성공한 일에만 참여하고자 하는 사람이, 실패의 가능성과 그로 인한 불명예에 과하게 불안해한다.

신경질환은 삶이 가져오는 모든 시험을 회피하려고 하는 경향을 항상 감춘다. 그 목적은 신경증 환자가 개인 가치의 부족함을 알지 못하게 하는데 있다. 처음에 이 사실은 역설처럼 느껴졌다. 단지 그의 신경 상태가 스스로를 매우 약하고, 비참하다고 느끼게 하기 때문에 그가 많은 분야에서 기술이 없다는 사실이 매우 뚜렷해지는 것이다. 하지만 놀랍게도 그는 자신의 무능력에서 허구적으로 자신의 가치를 높이는데 성공한다. 그가 '*내가 긴장하지만 않았다면…… 내가 재수 없게 아프지만 않았다면……*'이라 말하며 스스로의 실패를 합리화하기 때문이다. 무슨 일이 벌어지든 그는 자신의 가치에 대한 스스로의 신념을 지켜야만 한다. 따라서 그의 능력은 손상되지 않았음에도 그는 시험받는 것을 거부하는 것이다. 그는 자신의 질병이 스스로의 실패에 책임이 있다고 생각한다. 그러나 사실 그가 자신에 대해 만들어낸 픽션이 업적에 있어서는 더 큰 장해물이 된다.

더불어 그가 자신이 아무것도 달성하지 못했다는 사실을 변명하는 동안 그는 자신의 주위의 사람들에게 더 많은 것을 요구한다. 그는 자신이 아프기 때문에 스스로가 타인에게 갖는 의무 즉, 직업, 사회, 애정 관계에 포함되어 있는 의무로부터 해방될 뿐만 아니라, 가족이나 친구들이 자신을 더욱 배려하고 공감하며 도와줘야 한다고 생각한다.

신경증상은 신체적 고통이 시작되면 없어진다.
사람은 낙심할수록 그 자신이 삶의 요건을 충족시킬 수 없다고 느끼며 삶의 과제들을 더욱 회피하려고 할 것이다. 신경질환을 방패로 삼으려는 경향은 실제 증상이 나타나기 훨씬 전부터 이미 존재해온 것이다. 증상이 나타나는 순간 공동체 의식이 한계에 다다랐고, 잘못된 인생 계획이 삶의 실제 조건들과 충돌했다는 사실이 더욱 확실해지는 것이다. 어느 누구도 시험을 보기 전에는 얼마만큼 배웠는지 알 수 없다. 어려운 시험을 자주 마주하는 사람은 그렇지 않은 사람보다 공동체 의식의 한계에 더 빨리 도달한다. 하지만 공동체 의식이 부족하다는 것은 머지않아 밝혀질 것이고, 이는 협동을 포함한 인간관계의 복잡함과 다양성 때문이다. 그러므로 우리가 삶에서 마주하는 어려움이 꼭 신경증상을 일으키는 것은 아니다. 현실의 어려움은 사실 신경상태를 나쁜 방향이 아니라 더 나은 방향으로 변화시킨다. 신경증상은 주로 변명을 하기 위해서 일으키는 증상이므로, 외적인 문제를 회피할 수 있을 것 같으면 바로 불필요해진다. 신경증상은 때때로 신체적 고통이 시작되면 없어진다. 다시 말하자면, 새로운 질병이 업무를 회피하는 새로운 변명이 되는 것이다.

신경증 환자는 매번 최대치의 반응을 보인다.
신경증 환자는 모두 용기는 잃어버렸지만 야망에 찬 사람들이다. 그들은 항상 자신의 약점이 드러날까 두려워하며 살고, 그의 모든 행동은 그가 두려워한다는 것을 잘 보여준다. 그는 전형적으로 우유부단한 태도를 가지고 있다. 그는 가능한 한 결정을 내리는 것을 피하고 싶어 한다. 따라서 그는 시간을 벌기 위해서, 혹은 한 순간이라도 자신의 허구적 안전을 지키기 위해서 결정을 미룬다. 그는 특별한 안전장치가 없으면 자신을 지키지 못할 것이라 생각한다. 그러기 때문에 다른 사람으로부터, 또 타인과 협동해야 하는 업무로부터 최대한 떨어져 있으려 노력한다. 그의 인생은 하나의 긴 투쟁인 것이다. 그는 항상 정신적으로 긴장된 상태에 있고, 자신이 공격당할 상황을 항상 경계한다. 잠을 자도 늘 불안한 상태이고, 자주 무서운 꿈을 꾼다. 내적인 긴장감은 눈을 자주 깜빡이는 것, 손을 떠는 것, 반사적민감성, 과장된 과민성, 혈관 운동 신경 장애 같은 대다수의 신경증 환자들이 겪고 있는 신체적 증상으로도 나타난다. 또한 신경증 환자는 매우 흥분을 잘하고 예민하기 때문에 다양한 제안들에 즉각 반응을 보인다. 그는 항상 긴장한 상태를 유지한다. 공기가 가득 찬 풍선을 건드리면 매번 떠오르는 것처럼, 그는 자신에게 미치는 모든 영향에 매번 최대치의 반응을 보인다.

긴장감은 신경증 진행에 중요한 역할을 한다.
긴장감은 신경증이 진행되는데 중요한 역할을 한다. 긴장감이 사라지면 대부분의 증상은 사라질 것이다. 이 증상은 과잉 혹은 방치에 의해 지장 받을 수 있는 인간의 기능만큼 다양한 양상을 띠고 있다. 자신

을 주관적인 관점에서 바라보는 신경증 환자는 존
재하지 않는 심리적 장애를 경험하기도 한다. 이는
그가 자신의 어려움은 없애고 타인의 길에 장애물
을 놓고 싶어 하기 때문이다. 그러기 위해서 그는
자신의 기능을 사용할 때는 부담을 덜 느끼고 싶어
하는 반면 다른 사람의 경우에는 더 큰 부담을 기
대한다.

긴장의 상태로까지 상황이 고조되면 그는 허상에서
스스로와 싸움을 벌인다. 즉 그는 자신의 신체기능
과 운동신경, 감정과 생각 등과 싸우는 것이다. 그
증상은 아무런 어려움 없이 쌓여간다. 사람은 이것
이 질병이라는 것을 알아차리지 못한 채 밤을 지새
우기도 한다. 하지만 만약 그것에 대해 화가 나거나
불안함을 느낀다거나 균형상태가 흐트러지면 그는
고통을 느끼기 시작한다. 자신과의 싸움이 진행될수
록 그는 그 싸움의 원인이 된 긴장감을 더 높인다.
그가 주위의 사람들과 싸우기 시작할 때 그 긴장감
은 처음 나타난다. 그리고 그것은 분노와 삶의 조건
에 대한 저항, 무엇보다도 불명예와 실패에 대한 두
려움에서 발달한다. 싸움에서 비롯된 첫 번째 증상
을 억누르면 그 증상은 긴장감을 높이는데 사용된

다. 그리고 결국 새로운 증상을 찾아 이를 방출하고
자 한다.

기관 신경증은 기관 열등감과 관련이 있다.
만약 신경질환이 특정 기관에만 영향을 끼친다면
그 증상은 항상 해당기관의 기능저하로만 나타날
것이다. 모든 기관 신경증은 긴장감에서 비롯된다.
계속 늘어가는 부담감은 먼저 자율신경 계통의 기
관과 정신이 직접적으로 조절하는 체내의 분비선을
통해 나타난다.
기관 신경증은 기관 열등감과 관련되어 있다. 기관
열등감은 조직적인 문제에서 발생할 수도 있고, 특
정 기관을 잘못 사용하여 발생하기도 한다. 자율신
경계를 통해 통제하는 신체기능에 대해 어떤 태도
를 지니는가가 얼마나 중요한지는 아직 잘 알려져
있지 않다. 하지만 우리는 소화기관의 기능적 열등
이 조직적인 기관 열등감에서 비롯되었거나, 풍부한
식사와 소화를 돕는 예방 수단을 중요시하는 부모
와 아이가 갈등하는 가운데서 기관을 사용했기 때
문에 나타났다는 것은 이미 알고 있다.
이는 모든 신경질환에 적용할 수 있다. 어떤 기관이

든 기능 저하를 보일 수는 있다. 어떤 기관에 장애를 초래하게 하기 위해서는 그 기관에 변화를 주는 훈련만 필요하다. 기관 열등감은 그 훈련을 더 쉽게 만들거나 어떤 증상이 나타나는지에 영향을 끼친다. 하지만 그 증상을 결정하는 것은 단순히 추가적으로 발생할 수 있는 편안함뿐만이 아니다. 그것이 변명을 만들 수 있을 만큼 적절히 복잡한지의 여부에도 달려있다. 모든 신경증 환자들이 같은 업무를 회피하고 싶어 하기 때문에 이는 증상을 선택할 때 당연히 가장 중요한 요소가 된다. 어떤 사고는 그의 관심을 증상이 적합한지로 돌리며 신경증 환자의 선택에 영향을 미칠 것이다.

신경증의 내적 형태는 항상 같다.

이러한 증상을 신경증의 시작점으로 보는 관점은 모두 피상적이다. 히스테리, 신경쇠약, 불안 신경증, 강박신경증, 광란증, 기관 신경증, 그리고 성적 노이로제 같은 신경증의 다양한 형태는 제각각 나타나는 증상 면에서만 서로 다를 뿐이다. 신경증의 내적 형태는 기본적으로 항상 같다. 한 사람에게 영향을 끼치는 요소가 다양하다는 관점에서 보면 똑같은 증상이라도 같은 원인에서 비롯된 것은 아니다. 환자가 어린 시절 증상의 원인이 될 만한 상황을 겪었는지, 그리고 그 훈련이 얼마나 지속되었는지를 확인하는 것이 일차적으로 해야 할 절차이다. 사람들은 불면, 건망증, 두통, 우울증, 흥분, 공황 상태 등을 훈련할 수 있다. 순환, 충동행동, 심장박동, 적면 공포증(남의 앞에 나서면 얼굴이 붉어져 나서기를 꺼려하는 강박 신경증, 특히 이성이나 윗사람 앞에 나서기를 두려워함)에 영향을 끼치는 신경증이 더 심각할수록 그는 더 오래 훈련해야 한다. 강박 신경증을 유발하는 훈련 기간은 일반적으로 유년 시절부터 끊임없이 지속되기 때문에 가장 길다.

처음에 인간 공동체, 특히 부모가 강요하기 시작할 때, 아이는 자신이 아주 어렸을 때부터 복종해야 했던 강박으로 이에 대응한다. 이 강박은 공동체의 반대편에 속한다. 일반적으로 타인의 요구를 모두 무시하는 강박 신경증 환자는 스스로를 아주 쾌활하고 흥미롭다고 생각한다. 이러한 이유로 그들을 상대하기란 매우 어려운 편이다. 대체로 그들은 완강하게 자신의 행동이 질병 때문이 아니라, 중요한 사람이 되고 싶어 스스로가 아주 교묘하게 감춘 타인

을 향한 적대감 때문이라는 사실을 인정하지 않으
려 한다. 그것을 인정하게 되면 그들의 인생 계획은
통째로 무너져버리기 때문이다.

신경증 환자는 적대감을 숨기려한다.

신경증 환자가 타인에 대해 가지는 적대감을 숨기
려 하는 경향은 그가 스스로의 증상과 허구적으로
싸우게 한다. 사실 우리가 이미 봐왔던 것처럼 이후
에 발생한 긴장감은 증상을 더욱 악화시킨다. 신경
질적인 행동을 강화시키고, 환자가 질병에 대해 가
지는 관심을 감추는 또 다른 방법은 고통을 느끼는
것이다. 병에 걸리기 쉽다는 사실이 타인과 환자 스
스로에게 더 확실해질수록, 병을 구실로 환자가 타
인에게 더 많은 요구를 한다는 것은 오히려 더 명
확해진다. 강박 신경증과 심기증(실제는 아무렇지도 않
은 자기의 병에 대하여 이상한 불안이나 걱정 따위를 느끼는
정신병) 환자가 대체적으로 가장 주관적인 고통을 겪
는다. 이는 그 환자들이 선택한 삶의 방식이 사회질
서를 묵인하게끔 하는 공동체 의식을 가장 많이 손
상시키기 때문이다. 물론 다른 형태의 신경증이 동
일한 장애를 불러온다면 뒤따르는 고통은 똑같이

혹독할 것이다. 고통과 불행은 항상 세상에 대한 비난을 수반하고, 고통 받는 사람의 책임은 타인의 도움과 위로를 받는 의무로 대체된다.

범죄와 정신이상의
공통 특징은 충동

범죄자들의 용기는 겁쟁이의 무모함이다.

범죄자들은 모든 권력의 반대편에 선다.

범죄자에게도 특정한 공동체 의식이 있다.

과도한 열망은 범죄자에게 결정적인 역할을 한다.

정신이상자들은 공동체와 멀리한다.

개인심리학만이 정신병자의 지표는 아니다.

범죄와 정신이상의
공통 특징은 충동

♛

노이로제와 범죄, 두 가지 모두의 특징이 되는 충동
은 인간사회에 대한 적대심에서 발전하였다. 하지만
범죄로부터 느껴지는 적대심은 노이로제에서 느껴
지는 적대심과는 아주 다른 것처럼 보인다. 겉으로
보았을 때 신경증 환자들은 인간사회의 규칙을 인
지하고 있는 도덕적인 사람들로 남아있다. 범죄자들
은 의식적으로, 그리고 의도적으로 사회질서에 적대
적이다. 그렇다고 해서 그 사람들에게 분명한 양심
의 가책을 지키기 위해 자신들에 대한 성향평가를
기만하라고 할 필요는 없다. 그럼에도 불구하고 범

죄자들은 자신들이 한 범죄행동의 책임을 사회나
다른 사람들에게 전가시키려고 한다. 심지어 그들은
그들의 가치에 대한 자신들의 생각을 가능한 한 최
대한으로 지키기에 여념이 없다. 사실 우리는 많은
범죄자들이 자신들의 위업을 아주 자랑스러워하여,
그들보다 더 훌륭한 사람처럼 보이는 이들보다, 자
신들이 더 낫다고 생각한다는 것을 알고 있다. 특히
범죄자들은 신경증 환자들의 마음상태와는 꽤나 다
른 데서부터 행동에 착수한다. 그들은 적극적인 공
격성을 띠는 길을 선택하고, 목표로 곧장 향한다.

범죄자들의 용기는 겁쟁이의 무모함이다.
만약 범죄자들이 신경증 환자들보다 더 용감한 것
처럼 보인다면 그의 용기는 이상한 상태의 것이다.
그것은 유용한 성취나 공동체에 공을 세우는 것으
로 나타나는 것과 같은 용기가 아니다. 그것은 대담
성을 통해 숨겨진 절망을 감추고자 하는 것이다. 자
신이 두려워한다는 것을 인정하지 않으려는 겁쟁이
의 무모함이다. 그것은 한 패의 카드에 모든 것을
거는 모험가의 무모함과 마찬가지다. 미신은 도박꾼
이나 범죄자의 착각 속에서는 똑같이 매력적이다.

둘 모두 그들의 계획이 틀림없이 성공할 것이라는 모든 가능성에 믿음을 가진다. 유일한 차이점은 도박꾼은 운이라고 알고 있는 비인격적인 운명에 특히 호감을 가지는 반면, 범죄자들은 공동체 전체와 법, 그리고 공동체를 지키고자 하는 사람들 모두에 반하는 도움을 들먹인다는 것이다. 범죄자들은 또한 그들이 한 일을 작은 공간으로 국한시킨다. 범죄자들이 용감하지 않다는 한 가지 증거는 그들이 모두 전문가란 사실이다. 어떤 이는 소매치기만 전문적으로 하고, 다른 이는 절도만, 또 다른 이는 위조만 전문적으로 한다.

범죄자들은 모든 권력의 반대편에 선다.
범죄자들은 자기 자신을 법과 질서를 지키기 위해 세워진 모든 권력의 반대편에 둔다. 그들은 어린 시절 어른들에게 반항했던 것과 똑같이 권력에 반항한다. 만약 아이가 어른들에게 굉장히 반항적이고, 그 수준이 너무 과도하여 최소한의 행동 규범인 질서의 규칙을 받아들이지 못한다면, 아이는 양심을 발전시켜 싸움을 저지하는 그 어떤 충동도 받아들이지 않을 것이다. 그는 어른들을 상처 입힐 수 있

는 무기들을 사용하는 데도 아무런 거리낌을 갖지
못하게 될 것이다. 그가 모든 규제에서 이토록 자유
로운 이유는 자신의 양심에 변명을 할 필요가 없기
때문이다. 한편, 자기 자신에 대항해 고전하는 '*불안
한*' 아이는 사회의 법과 다른 사람들에게 하는 간접
적인 공격을 더는 하지 않게 된다.

만약 아이가 사회에 대한 적대심을 숨기지 않는다
면 그 아이는 철면피로 자라나게 된다. 아이는 처벌
에 분개하며 거짓말을 하기 시작하고, 절도를 시작
하게 될지도 모른다. 이러한 행동들은 어른들을 이
기고자 하는 것처럼 보인다. 하지만 사람들은 사실
상 모든 아이들이 거짓말과 훔치는 것에 대하여 소
소한 몇 가지 실험을 한다는 것을 깨달아야 한다.
이것은 아이들에게 사회질서와 법을 가르칠 수 있
는 기회가 된다. 그러므로 아이들의 이러한 잘못들
에 대해, 아이들을 낙담시키고 아이에게 선한 의도
가 전혀 없었다고 부정하는 것과 같은 어른들의 잘
못된 대처는, 아이들을 범죄의 길로 들어서게 만든
다. 반면에 아이들 마음에 이미 반사회적인 태도가
구축되어 있더라도 사랑과 양심은 아이들에게 잠재
된 '협동'의 마음을 일깨워줄 수 있다.

범죄자에게도 특정한 공동체 의식이 있다.

심지어 범죄자에게도 공동체 의식이 전혀 없는 것은 아니다. 다만 일반인들이 가진 공동체 의식과는 반대일 뿐이다. 그들은 공동체 의식을 자신들의 공범을 대하는 것으로 분명히 하고 있다. 범죄자들은 종종 특정한 자신들의 그룹과 함께 긴밀한 사회관계를 만들곤 한다. 그리고 그들은 그 그룹에 헌신할 준비도 되어있다. 하지만 그 그룹은 범죄자들을 더 큰 인간 공동체에서 떨어져나가게 한다. 사실 공동체에 대한 적개심만이 그가 그 무리와 함께 있도록 만들어준다.

더욱이 범죄자는 공동체와의 접촉을 피하는 것이 불가능 하다는 사실을 알고 있다. 범죄자의 성격은 개인적으로 공동체로부터 거부당했다는 확신을 받고, 어떤 특정한 방향으로 가도록 강요받았을 때, 그가 느꼈던 생각의 결과를 보여준다. 그는 공동체 안에서 한 부분을 차지하는 것을 포기한 후 겨우 범죄자 밖에 되지 못했을 것이다. 그리고 유용한 성취의 수단을 통해 그 무력감을 보상할 수밖에 없었을 것이다.

과도한 열망은 범죄자에게 결정적인 역할을 한다.

과도한 열망은 범죄자의 삶에 있어서 결정적인 역할을 한다. 그가 싸우는 단 하나의 목표는 중요성을 얻는 것이다. 그래서 욕망, 철학적 동기 등과 같은 다른 이유 때문에 범법 행위를 하는 사람들은 절대로 상습범들처럼 타협하지 않는 성격을 키워가지는 않는다. 진짜 범죄자들은 그들이 공동체보다 더 똑똑하다는 것을 증명하고 싶어 한다. 자신이 경찰들보다 한 수 앞설 수 있다는 것에 자랑스러워한다. 모든 범죄자들은 절대 잡히지 않을 것이란 생각으로 행동한다. 이것은 범죄의 경력을 좀 더 화려하게 만들고, 상습범들이 더 큰 처벌을 무릅쓰게 만든다. 심지어 사형마저도 그들을 멈출 수 없다.

정신이상자들은 공동체와 멀리한다.

범죄자들은 사회규범에 저항하는 방법으로 공동체 바깥에 사는 범법자가 되며, 삶의 불필요한 부분에서 성취를 이뤄냈다고 만족하게 된다. 정신이상자들은 이와 비슷하게 사회법의 이성과 논리를 부정하면서 공동체와 자신을 멀리한다. 범죄자들은 자신이 공격하는 공동체를 공범들과 함께 형성한 무리로 대체하는 반면, 정신이상자들은 실제와는 전혀 관계가 없는 새로운 세상을 만들어낸다. 정신이상자는 실재하는 세상에서 자신이 받아들여지기를 포기했기 때문에, 상상 속의 세계에서 중요한 사람이 되고자 하는 욕망을 충족시키려 한다. 그러므로 정신이상자들은 이러한 낙심을 가장 끔찍한 방법으로 보여주게 된다. 그는 유용한 성취에 아주 적은 관심을 가지고, 그 관심이 있는 척하는 것조차도 포기하게 된다. 그는 다른 사람들과 연결되어있는 마지막 끈마저 잘라낸다. 그의 마음은 더 이상 다른 이들과 공통된 것을 가지고 있지 않다. 왜냐하면 그는 이성적인 것을 무시하기 때문이다. 그의 모든, 혹은 몇 가지의 행동에서조차 이성적인 것을 무시한다. 하지만 다른 사람들과 접점을 만들어내는 능력은 전혀 무너지지 않는다. 그의 환경이 상상의 목적을 거스르는 것을 멈추는 그 순간, 그는 다른 정상적인 사람들과 똑같이 행동할 수 있게 된다.

물론 이것은 주로 선천적으로는 아무 이상이 없는 정신이상자들의 경우, 특히 정신분열증과 심기증 환자들에게 적용이 된다. '보행 성 운동실조와 같은 전적으로 기질적인 정신병이 발발할 때, 환자의 개

인적인 태도와 삶의 문제의 연관성을 추적하는 것이 가능하다.' 우리는 감각기관의 열등이 정신이상자들에게 어떤 영향을 미치는지에 대해서는 아직 알아내지 못하였다. 그리고 그 증상들이 그들 스스로의 존재를 주장하는 투쟁의 무기로 얼마만큼까지 사용되는지도 알아내지 못했다. 따라서 지금까지의 정신이상에 대한 심리적인 이해는 그저 시작일 뿐이다. 하지만 적어도 자기비난, 우울증과 같은 심기증의 특징적인 증상들은 가치 있는 공상의 증대를 획득하고자 하는 수단으로 알려져 있다. 또 사람들이 환자들의 행동을 비난하는 대신, 그 행동을 용납하도록 만들기 위한 수단으로도 알려져 있다.

개인심리학만이 정신병자의 지표는 아니다.
최근에는 실생활에서 오직 개인 심리학만이 정신이상자들의 정신병이 치료될 것인지 더 심화될 것인지를 보여주는 유일한 지표는 아니다. 공동체에 대한 태도 즉, 공동체 안에서 역할을 획득하기 위해 분투하거나 유용한 기능을 받고자 하는 준비가 되어있음을 상징하는 태도, 혹은 그 반대의 태도를 결정하여 보여주는 지표 말이다. 사이몬(Simon)과 다

른 많은 이들에 의해 도입되었던 직업적 치료와 관
련해 실행된 성공적인 실험들의 경우도 같은 방향
을 가리키고 있다. 정신과 의사와 심리요법의사 간
의 긴밀한 협업을 통해, 심리학에서 정신병 환자들
에 대한 완전한 이해가 가능해질지도 모른다는 희
망을 가지게 된다.

양육과 교육방법

교육의 시작은 태어나는 순간부터다.

양육 비관주의가 왜 교육집단에서도 만연하는가?

꾸짖는 양육은 아이들의 반항을 강화시킨다.

아이를 탓하면 자신의 능력을 의심하게 만든다.

꾸짖음 대신 잘한 행동을 지적하라.

부모는 아이들에게서 받을 영향력엔 믿음이 없다.

나쁜 교육자는 자신들을 지키기 위해 꾸짖는다.

교육의 목적은 공동체 의식을 개발시키는 것이다.

아이가 어려움에 처했을 땐 격려하라.

유아기에 사회적 질서를 훈련시켜라.

참을성이 없는 아이는 불편함을 터득시켜라.

교육자는 심사숙고하는 능력을 훈련하라.

대화는 걸으면서 조용한 분위기에서 하자.

좋은 교육자는 아이들의 개성을 존중한다.

응석을 받아주면 능력개발 기회가 멀어진다.

이기적이 되기 쉬운 아이는 공동체에 소속시켜라.

잘못된 교육방법이 상처를 입힐 수 있다.

양육과 교육방법

♛

인격을 형성하고 무리를 결정짓는 삶에 대한 아이
의 태도가 갖는 중요성은, 실패자들과 부적응 자들,
혹은 부정적 타입의 사람들의 삶에서 가장 분명하
게 나타난다. 즉, 인격의 자연스러운 형성이 이루어
지는 삶이 부적응에 의해 실패하게 되면 그것은 신
경증이나 범죄, 혹은 정신이상으로 나타날 수 있다.
만약 우리가 이러한 관점에서 태도의 중요성을 인
지했다면 우리는 양육의 중요성도 또한 깨달아야
한다. 양육은 그 자체로 아이들이 태도를 취하는 데
조직적으로 영향을 준다. 사실 근본적으로 그 태도

를 결정한다.

전문지식이 없는 사람들뿐만 아니라 전문인인 교사들에 의해서도 양육의 잠재적인 가치는 상당히 많이 과소평가된다. 그들은 소위 아이들의 선천적인 성격에서 비롯되는 특정한 잘못이나 결점들이 교육이라는 방법으로 완화될 수 있다고 생각한다. 하지만 그들은 교육이 어떠한 근본적인 차이를 만들어낼 수 있다는 점에 대해서는 부인한다. 그들은 아이들이 아주 어렸을 때 확고한 개성을 확립시키고, 아이들의 개성은 교육의 영향에 저항하기 때문에, 보상이나 체벌과 같은 모든 종류의 널리 알려진 교육방법이 불필요하다고 말한다.

교육의 시작은 태어나는 순간부터다.

교육의 가치에 대한 회의는 주로 아이들이 교육 방식에 반응하기 시작하는 나이와 관련한 오류에서 생겨난다. 교육의 시작이 가능한 시기는 아이들이 '*이성적인*' 사고가 가능한 나이가 되었을 때가 아니라, 사실 아이가 태어나는 그 순간부터라는 것은 이미 충분히 논의되고 있다. 규칙적인 식사 시간에 익숙해지는 것, 배고픔이나 땀에 젖는 것에 대한 불쾌

함을 참아내는 법 등을 배우는 것은 교육적 과제를
긍정적인 방향으로 보여준다. 아이의 규칙적인 습관
형성을 방해하고, 아이를 돌보는데 너무 많은 시간
을 소비하거나 잠을 충분히 재우지 아니하며, 아이
가 울 때마다 그를 어르고 달래는 사람들에 의해
지금 이 순간에도 아이를 잘못 훈련시키는 실수들
이 일어나고 있다. 모든 아이들은 태어나는 그 순간
부터 똑같을 수 없다는 것은 사실이고, 아이들 중
몇몇은 신체적 결함이나 병의 영향을 받을 수도 있
다. 하지만 이러한 문제들이 가진 최종적인 영향은
주로 그를 키워주는 사람에게 기대하는 법을 배우
는 방식에 달려있다.

양육 비관주의가 왜 교육집단에서도 만연하는가?
우리 중 몇몇은 왜 이러한 양육의 가능성에 관한
비관주의가 교육과 관련된 집단에서도 만연하는지
의문을 가진다. 그에 따른 해답은 사람들이 주로 아
이들을 훈육하고 교육시키는 방법에서 찾을 수 있
다. 부모들은 특히 자주 이러한 방법들을 무비판적
으로 받아들인다.
아이들에게선 나쁜 습관이라고 알려져 있는 많은

것들이 발견된다. 우리 모두는 손톱을 깨물고, 코를 후비고, 가만히 있지 못하고, 더러운 것을 좋아하는 아이들을 알고 있다. 불안한 엄마는 하루에 평균 백 번 정도 이러한 결점에 대해 꾸짖을 것이다. 비록 이 방법으로는 아무런 성과도 얻지 못하고, 아이들은 계속해서 그 버릇을 반복하지만, 그녀는 자신의 방법이 잘못되었음을 깨닫지 못한다. 하지만 우리는 그녀가 아이의 코 후비기와 같은 좋지 못한 버릇에 얼마나 빠르게 익숙해지는지 알고 있다. 그녀는 아이가 코를 만질 때 마다 소리를 지르기만 하면 된다. '손 떼— 절대로 하면 안 돼!' 그리고 아이는 바로 콧구멍 안으로 손가락을 집어넣는 기회를 잡을 것이다. 그러니 만약 어머니가 아이의 차후 반복되는 행동에 대해 꾸짖기만 한다면, 아이들의 버릇은 더욱 확고해질 것이다.

꾸짖는 양육은 아이들의 반항을 강화시킨다.
아이가 형성하는 셀 수 없이 많은 나쁜 버릇들은 부모의 어리석은 행동에 대한 즉각적인 반응의 결과이다. 어린 아이들이 자위행위를 하게 되는 가장 흔한 이유는, 아이가 자신에게 해가 가지 않는 방법

으로 한두 번 생식기를 만졌을 때, '*아이들을 더 잘*
가르치려는' 부모가 꾸짖는 방법을 쓰기 때문이다.
만약 아이들이 음식을 먹도록 달래야 하는 일이 없
다면, 아이를 먹이는 데 어려움은 없을 것이다. 잘
못된 방법과 잘못들이 얼마나 가깝게 연결되어있는
지 인식하지 못하는 사람은 누구든 양육의 잠재적
가치에 대해 과소평가하는 실수를 범할 것이다. 심
지어는 그 가치를 부인할 수도 있을 것이다. 꾸짖는
방법의 실패가 실제로 우리에게 가르쳐주는 것은
꾸짖는 방법 자체는 쓸모가 없으며 심지어는 해롭
다는 것이다. 꾸짖는 양육은 아이들의 반항을 누그
러뜨리기보다는 오히려 그것을 생성시키고 강화시
킨다.

아이를 탓하면 자신의 능력을 의심하게 만든다.
여전히 폭넓게 사용되는 전통적 훈육방식의 대부분
에도 거의 같은 이야기가 적용된다. 가장 흔한 교육
적 방책 중 하나는 아이를 위협하고 탓하는 것이다.
그것은 부모들이 바랐던 효과를 발생시키긴 하지만
표면적인 효과만 낳을 뿐이다. 아이를 탓하는 것은
항상 아이들이 개선하고자 하는 마음을 약하게 만

들고, 아이를 위협하는 것은 아이를 더 고집불통으로 만들 뿐이다.

아이들을 탓하는 것의 좋지 못한 효과는 주로 아이들의 가슴에 깊은 못을 박는다는 것이다. 만약 아이가 무언가를 잘못한다면 즉, 사회질서를 위협하는 어떤 일을 하거나 공동체의 규칙을 넘어선다면, 그것은 아이가 자기 자신을 사회에 반하는 자리에 세우기 때문이다. 아니면 훌륭한 업적을 이룰 수 있는 자신의 능력에 더 이상 신뢰를 가지지 못하기 때문이다. 그렇지 않다면 아이는 잘못된 행동을 하지 않을 것이다. 사람들은 이러한 기회들과 능력들을 잘못 사용하고 있다. 아이가 열등감으로 방해받지 않을 때, 아이는 자신에게 큰 기대를 하지 않는 방법을 통하여, 훌륭한 일들을 성취하거나 그 일들을 점차적으로 성취하는 법을 배우게 된다. 하지만 아이를 탓하는 것은 아이들이 어떠한 방향에 있어 자신의 능력을 확고히 의심하게 만들 뿐이다. 아이를 탓하는 것은 또한 성공을 이뤄낼 수 있다는 자신의 능력에 대한 믿음을 강화시키기보다는 오히려 약화시킨다. 꾸짖는 것에 대한 결론을 최종적으로 쉽게 내려 본다면 이렇다. 아이를 꾸짖는 행위는 잘못을 뿌리 뽑기보다는 더 단단히 뿌리를 내리도록 만든다는 것이다. 만약 아이가 항상 더럽거나 멍청한 아이라고 불리게 된다면 아이는 자신의 열등감을 점점 더 납득하게 되고, 어떤 가정 하에 다른 행동을 하기가 점점 더 어려워짐을 깨닫게 된다. 하지만 이전에 자녀를 양육해본 사람들은 주로 아이를 꾸짖고 비하하는 것으로 좋은 결과를 성취할 수 있다고 생각하는 듯하다. 이러한 방법들은 다 자란 어른들 사이에서도 적용된다. 그들은 이 방법들이 자신들이 원하는 방법으로 사람들에게 영향을 줄 수 있다고 믿고, 다른 이들을 바람직한 교육기준에 따르도록 만들 수 있다고 믿는다. 그들이 이러한 결론에 어떻게 도달했는지는 의문으로 남는다.

꾸짖음 대신 잘한 행동을 지적하라.

꾸짖음에 의존하는 모든 사람들은 실질적으로 그들의 방법이 옳다는 것을 보여주기 위해 애쓴다. 따라서 사람들에게 그들의 결점을 보여주고, 그 결점을 고칠 수 있는 기회를 주어야 한다. 그들이 사용하는 방법에는 문제가 많음을 지적하는 지표가 많다. 그럼에도 그들이 꾸짖음을 통해 목적을 달성할 수 없다는 것을 지금까지 깨닫지 못했다는 사실은 꽤나 놀라운 일이다. 그들은 옳은 일과 잘못된 일의 차이점을 지적하면서 아이들에게 '*잘못*'을 깨닫게 만들 수 있다. 하지만 그들은 그렇게 하는 대신 다른 아이들이 얼마나 똑똑하고 잘 행동했는지를 지적한다. 예를 들어보자. 잭에게 '*톰이 얼마나 잘 했는지 봐라!*'라고 말을 한다고 해서 좋을 것은 없다. 잭에게 '*좋은 일*'을 강조하는 더 나은 방법은 '*네가 오늘 잘 해주어서 기쁘구나.*'라고 말하는 것이다. 비록 잭이 하루 종일 노력한 일이 눈에 잘 띄지도 않는 시시한 일이라고 해도 말이다. 그는 자신이 할 수 있는 만큼 열심히 노력하지 않았다는 것을 이미 스스로도 알고 있다. 만약 아이가 악필이라면 자신의 글씨가 형편없다는 점을 이미 깨달아 알고 있을지 모른다. 그런 아이에게라면 글씨가 형편없다고 지적하는 대신 아이가 한 장, 한 줄, 한 단어, 심지어 한 글자라도 얼마나 잘 썼는지 알려주는 것이 훨씬 더 나을 것이다. 이러한 방법을 이용하면 아이를 낙담시키지 않고도 아이에게 어떤 것이 아름답고 어떤 것이 추한지, 어떤 것이 좋고 어떤 것이 나쁜지, 그 차이점을 잘 납득시킬 수 있을 것이다. 왜냐하면 아이는 이 방법으로 자신이 진짜로 더 잘 쓸 수 있다는 느낌을 받기 때문이다.

그러므로 꾸짖는 방법을 선호하는 이유가 사람들이 자신의 잘못을 드러내는 것을 통해 잘못을 고칠 수 있기 때문이라고 말할 수는 없다. 오히려 꾸짖음은 다른 사람들을 폄하하는 무의식적 경향을 드러내기 때문에 역효과를 초래하기도 한다. 부모와 교사들은 자주 아이들을 과소평가한다. 그들은 아이들을 무력하고, 어리석으며, 어설프고, 짓궂어 삐뚤어진 아이들로 생각하고 바라보고 있다. 아주 적은 수의 부모만이 그들 자신보다, 아이들이 더 낫고 가치 있음을 깨닫는다. 적어도 유년기 시절만이라도 말이다. 왜냐하면 아이들은 어른들처럼 낙담하지 않기 때문이다. 아이들은 훨씬 더 많은 결정을 통해 훨씬 더 성공적인 방법으로 목표를 추구한다. 어른들이 주로 하는 선택은 극소수의 방법에 국한되어 성공을 기대할 수 없는데 반하여, 아이들은 목표에 도달할 수 있는 모든 방법을 찾아낸다. 아마 이것이 어른들이 너무나 쉽게 아이들을 꾸짖고 폄하하는 이유일 것이다.

부모는 아이들에게서 받을 영향력엔 믿음이 없다.
또 부모와 교사는 흔히 자신들의 책임을 다할 수
있을 것이라 생각하지 않는다. 그들은 아이들에게
책임감을 느끼지만, 아이들이 그들에게 줄 수 있는
영향력에 대해선 아무런 믿음이 없다. 그리고 아이
들을 양육하는 과제에 그들이 얼마나 걸맞지 않는
지를 깨닫게 된다. 그들은 각기 다른 상황에서 보통
의 사람들과 똑같이 행동한다. 그들은 실패의 원인
을 다른 사람들과 다른 곳에 둔다. 그들은 자신들의
실패로 인해 위협받은 위신에 대한 환상을 지키기
위해 아이들을 과소평가한다. 아이가 말썽을 피울수
록 그 책임은 아이에게 있다는 것을 더 확신한다.
그러므로 어른들은 아이들을 통제하기 어렵다고 느
낄 때마다, 아이들 탓을 하는 것에 만족한다. 그리
고 좋은 결과라고는 아무것도 가져오지 못할 수많
은 교육적 방법을 적용한다. 위협, 정정하기, 꾸짖
기, 금지시키기, 벌주기와 같은 방법을 말이다.

나쁜 교육자는 자신들을 지키기 위해 꾸짖는다.
나쁜 교육자는 야단법석과 간섭에 대한 강박으로
특징지어질 수 있다. 그는 그가 가지고 있는 많은

문제를 보여주길 원한다. 그리고 아이들에게 그 책임이 있다고 생각할 뿐, 자신이 나중에 비난받을 수 있는 책임을 같이 짊어지고 싶어 하지는 않는다. 공동체 안에서의 남편과 아내, 가족 구성원들, 권위를 공유하고 있는 사람들, 종속된 지위를 공유하며 사는 사람들, 일하는 동료들이나 동호회 회원들까지 모두 다, 자신보다 다른 이들이 더 약하다는 것을 느끼자마자 동료들을 똑같은 방법으로 대하고 그들을 다루는 것을 어려워한다. 다른 사람들로부터 자신의 존재를 인정받을 수 있다고 느끼거나, 그의 지위가 위협받을 수 있다는 사실을 믿지 않는 사람들 모두는 절대로 이러한 무기들을 손에 쥐지 않는다. 잘못을 찾아내는 것과 꾸짖음은 교육 방법이란 이름으로 아이들의 능력을 발달시킬 수 있다고 가장하고 있을 뿐이다. 실제로 이 방법들은 어떠한 교육적 의도로 행해지지는 않는다. 교육자들은 그저 자신들의 위상을 지키기 위해 이 방법들을 사용할 뿐이다.

교육의 목적은 공동체 의식을 개발시키는 것이다. 하지만 아이들의 능력개발을 실질적으로 도와주는

방법도 존재한다. 이러한 방법들은 주요한 힘에 복
종하는 것으로 발현되지는 않는다. 아이들은 스스로
독립적인 자세를 유지하고, 유능하고 행복한 사람으
로 거듭날 수 있는 훈련을 하게 된다. 교육의 전체
적 목적은 아이들이 다른 사람들과 함께 사는 방식
의 틀을 잡고, 삶의 성공과 행복이 달려있는 공동체
의식을 개발시키는 데 있다.

이러한 목적은 가족 전체가 결속되어있고, 가족 구
성원 각자가 기꺼이 전체를 위해 종속되길 원하기
만 한다면 자동적으로 충족된다. 이러한 종류의 훈
련 결과는 아이들이 공동체에 반응하는 시점에서
출발한다. 아이들은 어른들의 것과는 확연하게 다른
자신의 공간을 확보하고, 어느 것이 더 중요하거나
덜 중요하다고 할 수 없는 자신들만의 역할을 수행
할 수 있게 된다. 우리는 가족 간의 결속력이 굳은
가정에서 양육의 문제를 찾아보거나 신경질적인 사
람을 찾아볼 수 없다.

아이가 어려움에 처했을 땐 격려하라.
불행히도 이러한 이상적인 가정은 현대사회에서는
극히 드물다. 특히 대도시의 경우는 더더욱 그러하

다. 따라서 교육은 이제 더 많은 어려움들과 씨름해
야 한다. 항상 이미 만들어진 문제점들을 고쳐나가
야 한다. 만약 아이가 신경질적인 양상을 보이거나
'*문제아*'로 불린다면, 다른 공동체 구성원과 그 아이
의 차이를 강조하는 잘못된 방법은 실행하지 말아
야 한다. 아이가 어떤 방향으로든 뒤로 물러나기 시
작하면, 이것은 아이가 스스로에 대한 믿음을 잃어
간다는 뜻이다. 그리고 이 과정에서 아이는 자신이
어떤 방식으로든 공동체에서 내쳐지고 있다고 느끼
게 된다. 그리고 이러한 감정은 기관 열등감, 제멋
대로 자라는 것, 타박 받는 것, 친구나 형제 등 다
른 사람들과의 관계에서 낙담한 경험 등이 원인이
되어 나타난다. 우리는 아이들이 어려움에 처했을
때 우선 아이들을 격려해 주어야 한다. 아이들의 모
든 실수는 아이들이 처해진 환경에 맞서 싸우려는
분투이다. 그런데 우리가 그 싸움에 참여하게 되면
아이의 투지는 기대할 수가 없다. 그보다는 아이와
합의를 보아야 한다.

유아기에 사회적 질서를 훈련시켜라.
아이들에게 좋은 것만 주어 그것만 유지시키려 하

는 것은 아주 큰 실수이다. 이것은 가족에게서 떨어
져 나가거나 공동체 속에서 자신이 속할 자리를 찾
으려고 하는 아이들에게 아무런 도움도 되지 않는
다. 반면에 칭찬하고 격려를 해주는 방법은 아이에
게 도움을 줄 수 있다. 물론, 우리는 너무나 만연해
있는 부모의 행동들이 아이들의 열망을 북돋우고,
그것이 확실한 성공으로 이끌어줄 것이라는 생각을
해서는 안 된다. 항상 강요받는 아이들은 점점 더
위축될 것이고 종국엔 완전한 절망에 빠지게 될 것
이다. 사회적 질서가 한번 위협받게 되면 아이는 절
대로 공동체 안에서 자신에게 걸맞은 자리를 찾으
려고 하지 않을 것이다. 이러한 요건들을 훈련을 통
해 마주하지 않는다면 아이는 반드시 자신의 반사
회적 행동들로 인한 결과를 참아내야 한다. 우리는
아이들이 말문을 트기 전에 이 원칙을 적용시키기
시작해야 한다. 즉, 아이들이 유아기에 머물고 있을
때 말이다.

아이들을 양육해야 하는 사람들은 주로 이와는 반
대의 노선을 취한다. 그들은 아이들을 꾸짖고, 위협
하며, 창피를 준다. 이러한 양육을 받은 아이들은
결국엔 제멋대로 행동하게 된다. 아이들의 무기는

보통 부모들이 가지고 있는 것보다 더 뚜렷하다. 아
이들은 소리를 지르고, 고집을 피우며, 반항을 하거
나, 울어버린다. 결국엔 부모들이 포기를 하게 된다.
부모들은 그 싸움이 해결 날 때까지 기다리기엔 인
내심이 너무나 없다. 그래서 부모들은 자신들의 의
지와 충돌되는 상황을 피하는 것이 낫다고 생각한
다. 만약 부모들이 그 사실만 인지할 경우, 아이들
자신이 취한 행동의 결과로 빚어지는 일들을 피할
수 있게 도와주지 않고, 그저 아이들을 타박하거나
위협할 뿐이다.

참을성이 없는 아이는 불편함을 터득시켜라.
어떤 부모들은 참을성이 없고, 단정치 못한 아이들
을 돌보는 것을 어려워한다. 그들은 아이를 위협하
거나 벌을 주고 창피를 주면서 단정한 상태로 만들
려고 노력한다. 하지만 모두 다 부질없는 일이다.
결국에는 아이 엄마가 아이들의 장난감을 모두 치
우게 된다. 그러면 아이는 전에 어질렀던 것보다 더
심하게 장난감을 어지르게 된다. 물건을 제자리에
두지 않으면 나중에 그 물건을 다시 써야할 때 불
편하다는 사실을 아이 스스로 터득하여 부모가 아

무런 잔소리를 하지 않아도 되게 된다면 얼마나 좋을까?

물론, 부모들이 아이들의 행동을 참아내기로 결심했다면 약간은 간교해질 필요가 있다. 그리고 부모들은 때때로 아이들의 다른 면을 보고, 그들에게 많은 기회를 주어야할 때도 있다. 부모들은 그들의 자녀에게서 간교해지는 방법을 배울 수 있다. 부모나 교사들보다 한 수 앞서 있으려고 하는 아이들의 진을 빼놓는 방법이나, 그들이 갖고 싶어 하는 것들을 얻게 하기 위해 상황을 진전시킬 방법은 무궁무진하다.

교육자는 심사숙고하는 능력을 훈련하라.

반성하지 않는 사람들은 아이들을 양육할 자격이 없다. 가능한 한 다른 모든 결과들과 다른 방법들이 타당한지 고려해보기 전까지, 누구도 책망하거나 꾸짖는 것을 포함한 어떤 교육적 방법도 결정해서는 안 된다. 매일매일 바쁘게 살아가는 삶속에서 충분히 고려할 시간이 부족하다는 이의제기는 소용없다. 심사숙고하는 일이, 사람들이 잘못된 방법으로 현재 교육에 쏟아 붇는 것처럼 많은 시간과 에너지를 필요로 하지는 않는다. 하지만 교육자들은 심사숙고할 수 있는 능력을 훈련할 수는 있다. 아이들이 시행착오를 겪는 것을 그저 바라보기만 하는 방법을 통해서 말이다. 이 방법은 교육자들에게는 굉장히 어려운 일이기도 하다. 요즘 대부분의 교육자들은 아이들을 방목하는 것에 불안함을 느끼며 고통스러워한다. 그들은 어떠한 잘못도 그냥 넘어가지 못한다. 그들은 자신들이 반드시 무엇을 해야 한다고 생각한다. 그들은 그것이 쓸모없을 뿐 아니라 해가 되는 일이라도 곧장 해야 한다고 느낀다. 만약 그들이 잠시 동안만이라도 아이들이 확인되지 않는 방향으로 가도록 내버려둔다면 아이는 억눌린 감정들을 해소할 기회를 가질 수 있게 된다. 교육자들의 이러한 인내심은 아이가 잘못된 행동을 집요하게 반복하던 것을 멈추게 하고, 아이의 반항심 또한 상당히 약화시킬 것이다.

대화는 걸으면서 조용한 분위기에서 하자.
이처럼 잘못을 조용히 지켜보는 능력은 최종적으로 선택하게 될 교육방법들에 꽤 다른 가치를 부여할 것이다. 그 교육방법들은 앞으로 충분히 고려될 것이다. 부모들이 아이와의 싸움에서 그들의 개인적 특권을 남용하지 않도록 만들 것이다. 간단하지만 충분한 설명 혹은 친근한 대화가 자주 이루어진다면 아이들이 자신의 잘못을 깨닫는 것은 그리 어려운 일이 아니다. 물론, 이러한 대화는 자주 하는 잘못에 대해서 이뤄져서는 안 된다. 아이들이 잘못한 즉시 이뤄져서도 안 된다. 이러한 대화는 아이들이 자신의 멘 토에게 친근감을 느끼는 경우에 길을 걸으면서 조용한 분위기에서 이뤄져야 한다.

이러한 양육방법들은 아이들에게 자신이 하찮은 존재에 불과하다는 느낌을 주지 않는다. 결과적으로 아이들은 교육자들에게 반항하지 않게 된다. 아이들은 그들을 인생의 첫발을 함께 내디뎌줄 친근한 가이드로 바라보게 된다. 교육자들의 권위적인 위치를 강조하는 모든 것들은 아이들로 하여금 그저 독립적인 존재가 되고 싶은 욕구만 강화시킬 뿐이다. 이는 더 많은 경우에서 강력한 반항심을 불러오게 된다. 모든 종류의 체벌, 특히 신체적 체벌은 매우 의심스러운 교육방편이다. 심지어 보상마저도 의심스럽기는 마찬가지다. 이것들은 모든 교육방편을 아우르는 원리로 대체되어야 한다. 그 원리는 개개인의 임의적인 의지에 좌지우지되어선 안 된다.

좋은 교육자는 아이들의 개성을 존중한다.
좋은 교육자는 아이들의 개성을 존중한다. 그들은
아이들의 실수를 이해할 정도로 아이들을 사랑하며,
아이들의 행동에 따른 좋지 못한 결과로부터 아이
들을 구하고자 하는 다정함과 견고함을 보여준다.
그들은 항상 아이들의 반항은 불러일으키지 않은
채 아이들과 사회질서가 융합할 수 있는 방법을 찾
으려고 한다. 만약 아이들이 사회적 질서가 존재한
다는 것을 깨닫는다면, 그들은 아이들이 그곳에 자
리를 잘 잡을 수 있도록 돕는다. 하지만 아이들이
개인적인 우월성이나 권력을 잡으려는 욕심을 갖도
록 만들지는 않는다. 게다가 그들은 분별력 있게 아
이들을 격려하면서, 아이들이 많은 능력을 펼칠 수
있도록 도움을 준다. 많은 사람들이 오직 몇 명의
재능 있는 아이들만 가지고 있다고 생각하는 능력
들을 말이다. 교육은 어떠한 능력이나 재능을 개발
하는 데 지극히 중요한 요소이다. 그리고 우리는 각
기 다른 교육적 방법들이 적용되었을 때, 아이들이
어떤 남자, 어떤 여자로 성장할 수 있을지 상상조차

제대로 하지 못한다.

응석을 받아주면 능력개발 기회가 멀어진다.

가족 구성원의 수가 많은 대가족들을 볼 때 부모의
행동이 크게 문제가 되어 보이지는 않는다. 이들에
게는 주고받는 특정한 시스템이 자동적으로 존재하
게 되는데, 이것은 많은 형제자매들이 그들 자신을
상대방에게 맞춰갈 때 이루어진다. 대가족 안에서
자신의 행동이 잘못되었다는 것을 스스로 알아차리
는 아이는 아무도 없다. 그리고 부적합한 교육적 방
법들로 인해 발생한 모든 피해들이 제자리를 찾는
것도 아니다. 그러나 아이들이 똑같이 고통 받았던
실수들의 영향이 적어도 완화될 수는 있다.

현대 사회의 핵가족에서 부모의 잘못은 심각한 결
과를 초래할 수 있다. 특히 자신이 한 일에 대해서
정확히 알지 못하는 사람의 경우는 더더욱 그러하
다. 그들은 이제 아이를 양육하는 것이 수공예, 무
역, 혹은 직업과 같이 반드시 배워야 하는 것임을
인정했기 때문에, 어려운 교육적 과제에 불확실성을
가지고 접근한다. 불행히도 아주 극소수의 부모만이
이 기술을 습득하는 데 성공한다. 부모들은 비록 어

릴 적의 자신이 그 방법들로 인해 고통 받았음에도 불구하고, 자신의 부모들이 실행했던 양육방법을 그대로 선택하는 경향이 있다. 교육적 실수들이 세대를 거쳐 내려오기 때문에 치명적인 효과들은 계속 늘어나게 된다. 이는 아이가 발전하도록 도와주는 것이 아니라 심각하게 낙담시키는 결과를 부른다.

'사랑이 없는 양육은 아이들에게 오명과 하찮음이라는 낙인을 찍을 수도 있다. 매우 엄격하고 완고한 양육의 가혹한 괴로움은 아이들의 무력함과 어른에 대한 의존을 강화시킬 뿐이다. 도덕적인 것만 강조하는 양육은 아이들이 행하는 대부분의 사소한 잘못을 아주 심각한 타락으로 바라보는 경향이 있다. 지속적으로 변화하는 방법으로 특징지어지는 양육은 아이들에게 결국 불안감을 줄 수밖에 없다. 아이를 진지하게 생각하지 않는 교육자들은 결국 아이에게서 책임감을 빼앗게 된다. 낙담은 언제나 아이들에게 해로운 영향을 끼친다. 응석을 받아주는 것은 아이의 능력을 개발시킬 기회를 아이로부터 멀어지게 만든다.'(페르디난트 번바움 Ferdinand Birnbaum)

이기적이 되기 쉬운 아이는 공동체에 소속시켜라.

이 챕터에서 언급한 모든 것은 주로 현재 가정에서의 양육에 관한 내용이다. 유치원이나 학교 같은 교육기관에서도 거의 같은 현상이 일어나고 있다. 교사들은 아이들에게 사회질서를 유지시켜주며, 체벌이나 다른 억압적인 방법에 의존하지 않고도, 아이들이 공동체의 구성원으로서 자리를 잘 잡을 수 있도록 지식을 전달해준다. 이러한 공동체는 처음에는 그것에 반항하던 아이들도 강렬한 매력을 느낄 수 있게끔 만든다. 아이는 강제적으로 그렇게 되는 것이 아니라, 공동체에 기여할 수 있도록 설득을 받게 된다. 사회적인 삶의 규칙이며 아이들의 본능인 공동체 의식은 이러한 공동체 안에서 가장 잘 발전할 수 있다. 그러므로 이기적으로 자랄 가능성이 큰 아이들 즉, 외동아이, 막내, 혹은 버릇없는 아이, 지금까지의 양육과정에서 애정을 경험하지 못했던 아이들은 가능한 한 빨리 이러한 공동체에 소속되도록 해야 한다.

잘못된 교육방법이 상처를 입힐 수 있다.

개인 심리학은 습득하기 쉬운 일반적인 교육 방법

들을 만들어왔다. 하지만 학교 교육은 강박적인 권
위(코메니우스Comenius와 페스탈로치Pestalozzi를 사로잡았던
이상)로부터 자유로워졌으며, 교사들에게 끈기 있는
자세로 천천히 풀어야 하는 새로운 문제들을 제시
한다. 교육과 관련시켜서 보아야할 결정적 원인들은
오늘날까지 그리 눈에 띄지 않는 것처럼 보일 수
있다. 왜냐하면 교육은 인류가 등장한 그 시점부터
줄곧 행해져 왔기 때문이다. 지금까지 잘못된 방법
만 행해져 왔다고 보는 시각과 우리가 올바른 방법
을 찾아야 한다는 생각은 과연 옳은가? 여기 우리
의 관심을 끌기에 충분한 한 의학박사의 비유가 있
다.

수 세기 동안, 상처입고 다쳐서 병원에 실려 온 모
든 사람들은, 린넨 천으로 된 오래되고 낡은 린트붕
대를 감았다. 세멜웨이스(Semmelweis)가 무균상태의
법칙을 알아내기 전까지는 아무도 린트가 상처를
오히려 감염시키고, 많은 환자들에게 치명적인 합병
증을 유발한다는 사실을 알지 못했으며, 그 상처가
린트로 인해 감염되는 것을 막지 못하였다. 그 이전
까지 환자들은 자신들을 치료해주리라고 믿어왔던
방법 때문에 죽음에 이른 것이다. 우리는 양육 방법

에서도 이와 똑같은 상황들을 찾아볼 수 있다. 아이
들을 돌볼 의무가 있는 교육자들은 잘못된 방법으
로 의도하지 않게 아이들에게 상처를 입힐 수 있다.
이것은 세멜웨이스가 수술과 부인과학에서 위대한
발견을 이루어낸 것처럼, 개인 심리학 교육이 교육
학에서 혁신적인 역할을 해야 한다는 것을 시사한
다. 현재의 시스템 하에서 정당화되고 있는 회의적
인 양육방법이 암묵적으로 계속 이루어지지 않도록
말이다.

개인 심리학과 정신치료

정신치료는 끊임없는 격려를 해주어야 한다.

최초의 기억과 꿈은 항상 뚜렷하다.

오판으로 인한 실수는 신경증의 원인이 된다.

심리치료는 환자들을 격려하는 시도이다.

의사는 교육자의 역할을 해야 한다.

신경증은 공동체 의식 정립 실패 지표가 아니다.

개인 심리학과 정신치료

♛

잘못된 방식으로 양육된 사람들은 삶의 과업들을
충족시키며 살아가는 데 그리 적합하지 않다. 그들
은 살아가면서 잘못된 태도 때문에 자신들이 저지
르는 여러 가지 실수들 때문에 공동체를 저버린다.
그 실수들에는 정신병, 범죄, 그리고 무엇보다도 정
신이상이 포함되어 있다. 그들을 고칠 수 있는 유일
한 방법은 그들의 목표를 변화시키고, 주변 사람들
에 대한 그들의 태도를 올바르게 만드는 것이다. 다
시 말해 이들을 치료하는 방법은 어린 시절 잘못된
양육으로 인해 입은 상처를 회복시켜주는 것이라

할 수 있다. 개인 심리학은 정신이상자와 범죄자 모두에게 효과적이라고 증명된 치료법을 제시하고 있다. 그 중에서도 정신이상에 대한 자연적인 치료가 가장 폭넓은 기회를 가지고 있다.

모든 현대 심리학은 신경증에 힘입은 바가 크다. 이 것은 철학자들이나 사상가들로 하여금 정신생활에서 법칙을 발견하는 연구들을 실시하도록 만들기 때문이다. 여기서 말하는 법칙을 꼭 아픈 사람들에게만 적용시킬 필요는 없다. 왜냐하면 그러한 사람들을 관찰한 데서 그 법칙이 생겨났기 때문이다. 우리는 모든 분야에서 건강한 기관의 역할을 찾기 이전에, 병에 걸린 기관들을 먼저 알아봐야 한다. 불안해하는 사람들은 머지않아 심리요법 의사가 되기도 한다. 그들의 관점에서 보자면 자신이 병에 걸렸다는 점에서 긍정적인 특징을 발견할 수 있기 때문이다. 정신치료에서의 성공은 치료사의 의지와 힘에 달려있다. 소심하고 낙심한 모습에서 탈피하여 두려움이 없는 협력자를 양성하고자 하는 의지 말이다. 이것은 정신치료의 가능성과 치료사가 맞서 싸워야 할 어려움 모두를 보여준다.

정신치료는 끊임없는 격려를 해주어야 한다.

만약 정신치료가 모든 것에 적용되는 방법이라면 끊임없는 격려를 해줄 수 있어야 한다. 이것은 환자들이 스스로에 대해 자각할 수 있도록 도와주는 방법으로 실현될 수 있다. 자신이 한 일에 대해 책임감을 느끼기만 한다면 그 누구도 실수와 잘못된 목표의 노예가 될 필요는 없다. 문제는 그 책임을 지는 것에 많은 사람들이 엄청난 어려움을 느낀다는 것이다. 많은 사람들이 자기 자신을 알고 있는 척하고 있지만, 실제로 그런 사람은 오직 극소수뿐이다. 그들은 자기 자신에 대해서 알려고 하는 일에 게으르거나, 그들의 동료나 전체 사회에 대한 양심에 어긋나는 적개심을 숨기기 위해 자기 자신을 버릇처럼 속이게 된다. 그런 까닭에 자기 자신에 대한 진정한 깨달음은 극히 드문 것이다. 이렇게 자기 자신에 대해 자각하는 것을 많은 사람들이 두려워한다는 그 이유 때문에, 한편으로는 현대 심리학에 대한 관심이 이렇게 널리 퍼질 수 있었다. 심리학책을 읽으면서 사람들은 자신의 동료를 더 잘 이해하게 되고, 자신만의 술책을 살펴보는 방법을 배우게 될지도 모른다. 하지만 이것은 단지 책을 통해서만 습득하기엔 너무 어려운 문제이다. 만약 자신의 인생계획에 대해 이해하고, 상상했던 목표를 분석하며, 한계가 있는 시야를 넓히고, 행동과 어려움의 진정한 의미를 깨닫길 원한다면, 보통 그에게는 무관심한 누군가의 협조가 필요하다.

최초의 기억과 꿈은 항상 뚜렷하다.

어린 시절 가장 최초의 기억들과 꿈들은 발견을 위한 긴 여행을 떠나게 한다. 그것들은 그가 가야 할 방향들을 이야기하고, 어린 시절 가장 최초의 기억들은 항상 뚜렷하다. 아이들이 특징적인 태도들을 발달시키는 것에 반응하여, 과거의 경험들을 되짚어 보고, 그 기억들을 돌아봄으로써, 사람들이 자신의 태도를 정당화하려고 한다는 것은 분명한 사실이다. 만약 치료가 환자의 세계관을 바꾸는 데 성공한다면, 그가 지금까지 가지고 있던 경험들은 모두 다 잊고, 그가 기억하지 못하는 다른 것들로 그 자리를 대신한다. 모든 기억들은 그 당시 추구되었거나 미래를 위해 계획되었던 행동들을 분명한 선을 그어 정당화하는 데 사용된다. 사람은 끊임없이 자신이 선택한 것을 고집하는데, 필요한 새로운 힘을 얻기 위해 그의 기억을 살려낸다.

꿈도 같은 목적으로 사용된다. 꿈은 바로 다가올 미래와 관련된 과업에 어떻게 대처할지 미리 시뮬레이션해보는 리허설과도 같다. 꿈은 도피나 가식에 대한 선호를 강화시켜주고, 속도나 방향을 선택하는 데 도움을 준다. 꿈은 사람이 깨어있을 때 고백하지 않는 많은 것들을 밝혀준다. 이것은 사람들이 자신들의 꿈을 존중하지 않는 이유이기도 하다. 만약 그들이 자신의 꿈을 이해한다면, 그들은 계속해서 자신감을 유지시키는 일에 어려움을 느낄 것이다.

오판으로 인한 실수는 신경증의 원인이 된다.

의사는 환자들에게 유년기 동안의 기억이나 꿈에 대해 말하도록 만든다. 그리고 환자가 일상적으로 하는 행동들과 그가 어떤 사람인지를 파악하기 위해 어린 시절에 대한 설명을 요청하기도 한다. 심지어 의사를 대하는 환자들의 태도가, 동료들에게 어떻게 행동하는지 보여주는 예가 되기도 한다.

환자들은 자신의 인생에서 중요한 역할을 상상했던 것보다 많이 해내지 못했다는 사실을 알아낸다. 대부분의 행동들이 그 계획에 의해 이루어졌음에도 말이다. 환자들은 삶에 다가갈 준비가 되었을 때, 자신이 만든 계획과 마주하게 된다. 그리고 얼마나 많은 일들이 그 계획에 집중되어있는지 알게 된다. 우리는 우리의 계획과 실제 상황 사이의 중요한 접점을 이해하기 위해 자전거 타는 사람의 예를 들어볼 필요가 있다. 자전거를 처음으로 혼자 타는 사람들은 대부분 돌부리나 홈과 만났을 때, 작은 장애물을 피해가는 것보다 거기에 정확히 부딪히는 데는 더 숙련된 많은 기술이 필요함에도 불구하고, 그 돌부리나 홈에 곧장 달려든다. 그들은 그것을 피할 수 없을 것이란 잘못된 결정을 하고 그 가정에 따라 행동한 것이다.

많은 사람들이 자신에 대해 의구심을 가지고, 다르게 행동하지 못한다는 생각 때문에 무너진다. 이러한 실수는 잘못된 행동, 특히 모든 신경증 행동의 기원이 된다. 우리는 어린 시절 자신의 가치에 대한 의문을 풀고자 했을 때, 올바르지 못한 답에 다다르고, 어떤 면에 있어서는 다른 사람들보다 자신이 더 가치 없다고 느끼는 이유를 이해할 수 있다. 이것은 실수를 마주하고 그것을 고쳐나가는 것에 대한 문제이다. 그의 능력에 대한 새로운 믿음만이 환자의 자기보호를 멈추게 만들 수 있다.

심리치료는 환자들을 격려하는 시도이다.

본질적으로 모든 심리치료는 환자의 자신감을 상승시켜준다. 그리고 직접적으로나 간접적으로 환자들을 격려하려는 하나의 시도이다. 심지어 환자들이 하고자 하는 것과 할 수 있는 것, 그리고 그의 분명한 의도와 무능력 사이의 모순을 내포하는 거짓을 노출시켜 영향력이 생기도록 만드는 일이, 궁극적으로 환자를 격려하는 방법이 될 것이다. 환자는 자신의 실수를 성격이나 장비의 기만적인 연약함으로 인한 것으로 보지 않고, 그의 의도가 애초부터 잘못된 것이라고 본다. 환자는 질병으로 인한 증상이 그가 준비해왔던 도피의 방식이라는 것을 알아야 한다. 신경증은 앞날의 삶과는 꽤나 멀리 떨어져 있는, 교전지역 바깥에 있는 가상의 전투지와 같다. 삶이 앞날과는 꽤나 멀리 떨어져 있는 것처럼 말이다.

환자들에게 그의 인성이 얼마나 개선되었는지를 알려주는 것만으로는 충분하지 않다. 의사는 환자가 치료를 하는 그 순간의 문제 즉, 환자의 당면 문제

에 직면하도록 유도해야 한다. 이것은 환자 스스로
가 결정을 내릴 수 있는 여지를 만든다. 그러므로
의사의 첫 번째 목표는 증상을 치료하는 데 있는
것이 아니다. 그 목표는 치료대신, 낙담한 환자들이
그들의 과업을 실행하도록 설득하는 것이다. 환자들
의 문제는 과업 자체에 숨어있지 않다. 그것은 특권
에 대한 열망과 실패에 대한 두려움에서 발생한다.
의사는 환자들이 이러한 유쾌하지 않은 요소들을
마주하기 싫어하는 마음을 극복할 수 있도록 유도
해야 한다. 치료를 더 복잡하고 어렵게 만드는 것은
환자들이 의사들로부터 자신을 방어하려고 하는 것
이다. 환자들이 어린 시절 다른 사람들에게 그래왔
던 것처럼 말이다. 환자들의 삶의 계획을 바꾸는 과
업은 근본적으로 환자와 의사 모두가 힘을 합쳐야
이루어질 수 있다. 이는 매우 어려운 일이기도 하
고, 환자들에게는 전혀 유쾌하지 않은 일이다. 어려
움에 부딪히자마자 협업하기를 거부하는 경향이 불
안한 사람들에게는 있는 것과 마찬가지로, 모든 환
자들은 이 과업을 피하기 위해 많은 종류의 방법을
찾아낸다.

의사는 교육자의 역할을 해야 한다.

환자들이 항상 의사에게 저항감을 드러내는 것은
아니다. 환자는 간접적으로 회피하는 방법을 통해
의사가 자신에게 접근하기 어렵게 만들 수도 있다.
예를 들면 환자의 저항은 의사와 사랑에 빠지는 경
향으로도 나타날 수도 있다. 그러면 의사는 오직 개
인적인 가치만 보여주게 된다. 그의 직업적 역할은
할당되지 않는다. 환자는 치료와는 거의 관계없는
일에만 관심을 가지게 된다. 다른 종류의 회피는 환
자가 의사의 성공을 그의 성격적인 영향으로 돌리
려는 환자에 의해 이뤄진다. 성공이나 실패 모두를
의사만의 책임으로 돌리는 것과 같은 모든 종류의
회피는, 환자들이 삶의 태도를 바꾸지 않으려는 단
호함을 보여준다. 권력이라는 수단을 통해 과업을
이뤄내고자 하는 의사의 설득에도 넘어가지 않으려
는 환자의 모습을 보여주는 것이다.

여기서 우리는 심리치료의 복잡한 과제를 제시하는
것 외에 더 이상 할 수 있는 일이 없다. 적어도 심
리 치료 의사는 공동체 의식을 충분히 교육받지 못
한 환자들에게 또 다른 기회를 줄 수 있다. 그러므
로 의사는 교육자의 역할을 해야 한다. 그러나 교육

자처럼 높은 권위를 가지고 있다는 인상을 주는 것
은 피해야 한다. 낙담한 사람들이 자신감을 회복하
게 도와주려는 동정어린 친구로 보여서도 안 된다.
그렇게 하지 않으면 그는 치료에 대한 성공이나 실
패의 부담을 혼자서 다 떠안아야 한다. 그것은 사실
환자가 어떻게 반응하느냐에 따라 달라짐에도 불구
하고 말이다. 공동체 의식을 갖겠다는 결정이나 다
른 사람들과 협업하고자 하는 마음은 환자들이 특
권을 얻기 위해 이전에 노력했던 투쟁의 끝자락에
놓여야 한다. 왜냐하면 그는 겉으로 보이는 결함만
극복하려고 했음에도 만족할 수 있기 때문이다. 신
경증에 관한 다른 치료법은 없다.

신경증은 공동체 의식 정립 실패 지표가 아니다.
신경증은 환자가 공동체 의식을 정립하는데 어느
정도로 실패했는지 보여주는 고정된 지표가 아니다.
오히려 그것은 변화하는 모습을 보여주기 때문에
더 역동적이라 말할 수 있고, 아이러니하게도 환자
가 포기하는 것이라고 볼 수 있다. 신경증에 걸린
사람들은 사람들과 성취욕구로부터 물러서지 않을
때 치료될 수 있다. 물론 완벽함을 기대할 수는 없

지만, 그는 큰 문제부터 작은 문제까지 모두 치료할 수 있게 된다. 그러므로 신경증의 일시적 재발은 심각한 일이 아니다. 환자가 가고자 했던 새로운 길을 포기하는 구실로 그것을 사용하지만 않는다면 말이다.

인생의 세 가지 과업
—일, 사랑, 우정

1. 일

직업은 삶을 유지시키는데 가장 중요한 것이다.

과업은 공동체에 쓸모가 있는 모든 것이다.

학교에 가자마자 직업과 마주하게 된다.

위신과 관련된 문제로 어려움이 발생한다.

직업적 과업을 피하면 신경질적으로 변한다.

직업을 갖지 못하는 것은 참기 힘든 짐이다.

2. 사랑

사랑은 왜 이루어지기 힘든가?

성생활에 대한 태도는 수치심이다.

양육의 목적은 바꾸는 것이다.
혐오감은 반항하는 자들의 특징이다.
수치심은 남성지배의 수단이다.
문화는 남성들의 욕망의 실현이다.
소녀들의 남성 편견은 어린 나이에 형성된다.
결합에 대해 남성들이 여성보다 더 두려워한다.
처녀성은 성생활과 관련된 문제들로 복잡해졌다.
사랑은 개인에게 용기를 요구한다.
불륜은 진정한 결합이 불가능할 때 저지른다.
성적 도착은 사랑의 도피 방법이다.
사랑을 피하는 병은 신경증의 한 형태이다.

3. 우정

의지가 약한 사람은 먼저 변명을 한다.
공동체에 대한 적대심은 윤리에 가려져 있다.
타인에 대한 관심은 문제이해를 위한 노력이다.
내성적인 성격은 과장에 의해 가려질 수 있다.

인생의 세 가지 과업
-일, 사랑, 우정

♛

1. 일

일, 사랑, 우정은 인간 공동체의 모든 요구를 보여 주는 것과 같다. 궁극적으로 이것들이 알맞게 충족되는 것은 공동체 의식의 발전과 협업하고자 하는 마음에 달려있다. 결론적으로 이 과업들 중 한 가지라도 빠지게 되면, 거기서 비롯되는 어려움은 조만간 다른 것들을 충족시키려고 할 것이다. 가끔은 과업들 중 하나를 완전히 충족시키려고 노력하지 않았음에도 완전히 충족시킨 것처럼 보일지도 모른다.

이와 같은 분명한 모순의 예는 서로 다른 방향성을 가지는 일과 사랑이라는 업무를 개인이 같게 여기는 것이다. 하지만 더 자세히 관찰해보면 모든 조화의 이면에는 갈등, 불확실성, 그리고 매우 피상적이고 불완전한 행복감들이 깔려있음을 발견할 수 있다. 결국 분명한 성공과 회피는 공통분모로 낮춰질 수 있다. 한결같은 삶의 계획은 성취가 어떻게, 그리고 얼마나 이루어지는지, 또는 이루어지지 않는지를 결정한다.

직업은 삶을 유지시키는데 가장 중요한 것이다.
이 세 가지 삶의 과업을 충족시키는 데는 확연한 모순이 존재한다. 그것은 공동체 의식에 기초하여 생겨난 요구들의 상이함이 그 부분적인 원인이다. 대부분의 사람들은 직업이라는 과업을 반 정도는 충족해나간다. 낙담한 사람들 대부분은 이것을 회피하는데, 그것은 일에 대한 무능력이 종종 심각한 병의 한 증상으로 취급되기 때문이다. 세 가지 과업 중 직업은 삶을 유지시키는 데 가장 중요하다. 이 과업이 충족되지 않으면 존재하는 것 자체가 불가능할지도 모른다. 어떤 사람들은 사실상 직업과 관

련된 과업을 충족시키기 위해 협업에 헌신을 다하
기도 한다. 또 어떤 사람들은 다른 사람과 협업하지
않으면 그 일을 할 수 없음에도 불구하고, 동료들과
적당한 거리를 둔다. 오직 극소수의 사람들만이 그
들의 직장에서 본연의 모습을 드러낸다. 자신의 모
습을 더 많이 드러낼수록 성격의 결점은 더 분명히
드러나게 되지만 말이다.

과업은 공동체에 쓸모가 있는 모든 것이다.
직업과 관련된 과업은 공동체에 쓸모가 있는 모든
형태의 것으로 정의할 수 있다. 이것은 임금이나 화
폐등가물과 같은 보수를 받는 것 등에만 국한되는
것은 결코 아니다. 주부의 가사노동과 복지센터에서
의 봉사활동 등도 이에 포함된다. 이러한 일들은 개
개인이 맞추는 것으로 보이는 비 규칙적인 시간 간
격으로 이루어지는 것이 아니다. 어떠한 시스템에
따라 이루어진 것이다. 궁극적인 기준은 그 일이 사
회에 유용한지의 여부이다. 현대 사회에서 일의 개
념은 종종 화폐로 지불받는 보수와 같은 형태를 가
진다. 반면에 주주들은 직업과 관련된 일을 하지 않
음에도 돈을 받는다. 우리가 만약 직업과 관련된 일

에 대한 정의에 거래를 위한 준비나 그런 일을 하
는 직종을 포함시킨다면, 그러한 일들은 일이라는
정의의 영역 안에 포함될 수 있다.

직업과 관련된 일은 다른 사람이 지니고 있는 가치
에 의해 특징지어지기 때문에, 의무의 개념과 연결
되어있는 것처럼 보인다. 이것은 확실히 노동자가
아니었던 때에 가지고 있던 기분이나 성향에 따라
마음껏 행동할 수 있는 기회를 일을 하는 사람에게
서 박탈한다. 어린 아이들과 노약자들을 제외하고
는, 이러한 모든 직업과 관련된 일을 면제받는 특별
한 상황에 놓인 사람은 거의 없다. 모든 사람은 동
료들이 관심을 갖는 한 가지 일을 가지거나, 인간
공동체를 위해 해야 할 특정한 기능을 지니고 있을
필요가 있다.

학교에 가자마자 직업과 마주하게 된다.

사람들이 일을 시작하는 나이는 제각기 다르다. 여
자 아이들은 남자 형제들보다 더 이른 나이에 가족
들을 위해 일을 해야 하는 의무를 가지게 된다. 아
이들이 유용한 일을 피하면 피할수록 직업과 관련
된 더 어려운 일이 나타나게 된다. 이것은 말썽쟁이

아이들의 부모들이 의무를 대신 짊어지려고 할 때에도 적용된다. 이것은 부모가 배당한 의무를 피하는데 성공한 제멋대로이고 고집이 센 아이들의 경우 더 크게 적용된다. 하지만 국가교육 시스템에 의해 모든 아이들은 학교에 갈 나이가 되자마자 직업이라는 과업과 마주하게 된다.

우리 모두가 의무를 지니고 있다는 사실이, 많은 사람들이 생각하는 것처럼, 꼭 유쾌하지 않은 것으로만 규정되는 것은 아니다. 의무는 아이의 놀이로 대체하면 안 되지만 기관 발달의 법칙을 충족시키면서 서서히 생겨난다. 결국 놀이는 실제 삶을 위해 필요한 준비이며, 이런 방법으로 직업을 위한 준비와도 연결이 된다. 양육 전체가 잘못 되지만 않는다면, 아이들에게 놀이에 고정되어 있던 의무들을 이행하도록 만들기는 쉽다. 놀이와 의무의 분명한 모순은 놀이를 어른들의 의무처럼 심각하게 받아들이는 아이들에게만 존재한다. 이것은 마치 잘못된 양육에서 이 모순이 생겨난 것처럼 보인다. 아이는 참아야 한다는 강한 압박감을 느끼게 되고 그것에 저항하며 마침내 그 스스로 적대적 태도를 갖게 된다. 만약 의무에 대한 적대심이 어렸을 때 만들어졌다면 그것은 앞으로도 계속 그 부피를 키워갈 것이다. 하지만 꼭 의무 때문에 분개할 필요는 없다. 내적인 만족, 그리고 의무를 이행하면서 행복을 느끼는 사람도 많다. 일하기 좋은 환경에서도 과업을 이행하지 못하는 사람들이 있는 반면, 어떠한 어려움 속에서도 과업을 수행해내는 사람들이 있는 것처럼 말이다. 궁극적으로 직업과 관련된 과업을 떠안을 준비는 개인이 공동체에 대해 갖는 마음에 달려있다. 만약 사회를 위해 무언가 유용한 일을 하면서 행복을 느낀다면 그 사람은 반드시 공동체 의식을 지니고 있는 것이다.

위신과 관련된 문제로 어려움이 발생한다.
직업적 과업을 수행할 때 개인의 위신과 관련된 문제들로 인해 어려움이 발생한다. 우리는 열등감이한 개인이 사회에 대해 갖는 마음에 얼마나 영향을 미칠 수 있는지 보아왔다. 사람이 다른 사람들보다 더 약한 부분에서 억압당할수록 그는 그것을 극복하기 위해 더 노력할 것이다. 그는 자신의 명망을 위한 싸움에서 그를 돕거나 방해하는 상황보다 자신이 사회에 덜 기여할 수 있다고 생각할 것이다.

제멋대로인 상부와 변덕스러운 상관의 '*위신에 대한 갈망*'의 정도에 따라, 하찮거나 종속된 위치에 있는 직업에서 열등감은 더 악화될 것이다.

많은 사람들은 오직 하나의 조건 하에서만 일을 할 수 있도록 자신을 던질 준비가 되어있다. 그 준비는 즉, 우리의 위신이 상처받지 않고, 열망이 충족되었을 때를 말한다. 모욕감이나 다양한 종류의 무시, 혹은 그들이 그 일에 잘 맞지 않는다는 것을 보여주는 실패를 통해 개인적인 명망에 상처를 입게 되면, 그들은 그들의 일을 싫어하게 된다. 과소평가 당하거나 착취당한다는 느낌을 받는다면 그 누구도 자신의 직장에서 행복함을 느낄 순 없을 것이다.

직업적 과업을 피하면 신경질적으로 변한다.
만약 노동자가 직업과 관련된 과업을 피하게 되면 어떤 일이 벌어질까? 그는 계속해서 일을 할 수 없게 만드는 어려움들을 교묘하게 혹은 무의식적으로 축적시키거나 자기와의 싸움을 좋아하거나 참을성이 없어진다. 그리고 그의 일을 방해하는 것들에 대해 신경질적으로 변한다. 이러한 신경질적인 증상들은 주로 집중하거나, 빠르게 관찰하기와 같은 정신

기능과 연결되어있다. 아마도 그것들은 불면증을 만들어 낼 것이고, 운동신경에 기능적인 문제들을 만들어낼 것이다. 예를 들면 작가들이 지닌 괴벽처럼 어떠한 일을 방해하는 경련 같은 증상을 만들어 낼 것이다.

원칙적으로 이러한 직업적 과업을 피하는 방법은 실패가 예상되거나 이미 실패했을 때 적용된다. 하지만 가끔 우리는 이미 성공을 이루었음에도 똑같이 적용됨을 알 수 있다. 왜냐하면 사람들이 계속해서 성공을 바라기 때문이다. 그래서 이미 성공을 했음에도 그것을 이루어내지 못했다고 생각하는 경우가 있다. 사람들이 직업적 과업을 피하는 순간은 각기 다르다. 어떤 사람들은 그들의 목표에 도달하자마자 무너져 내리고, 또 다른 사람들은 거기에 다 도달한 후에야 무너져 내리기도 한다. 개개인의 전형적이고 끊임없이 반복되는 이러한 행위는 개인의 위상이 위태로울 때마다 항상 되풀이될 수 있다. 많은 사람들은 어떠한 일에 성공을 거둘 수 있을 것 같지만, 아이러니하게도 그것을 시도하지 않으려는 애매모호한 상태에 머물러 있으려 한다. 왜냐하면 그들의 능력이 드러나는 것을 두려워하기 때문이다.

이것은 그들에게 얼마나 용기가 있느냐에 따라 달라진다. 성공은 그들이 성공을 향한 맨 첫 걸음을 시작할 때부터, 한 가지 훈련에서 다른 것으로 끊임없이 바꾸는 노력을 통해, 그 일을 어떻게 평범하게 만드느냐에 달려있다. 즉, 성공은 몇 가지 직무에서 망설이느냐, 아니면 그 성취라는 목적을 향해 곧장 나아가느냐에 달려있다는 것이다. 목표에 도달하자마자, 또는 그 후에 무너져 내리는 사람들은 그들이 얻은 그 자리를 지켜내지 못할까 두려워한다.

직업을 갖지 못하는 것은 참기 힘든 짐이다.
만약 신경질적이거나 기질적인 폐해가 개인의 업적을 방해한다면, 그는 그의 직무에 완전히 맞춰질 수 없을 것이다. 그에게 삶의 계획을 설명하고 치료를 통해 자만에 찬 열망을 고쳐주지 않는 한 말이다. 훌륭한 업적에 대한 경계를 넘어가지 않고도 충족시킬 수 있는 열망이라면, 그것은 그의 삶에 아무런 영향도 주지 않을 것이다. 하지만 반대로, 그것은 어떠한 가치 있는 일에 대한 특정한 충동을 부여할 것이다.
삶에서 과업을 이행하지 못하는 것은 구축되지 않

은 공동체 의식이 드러나는 것이고, 열등감을 악화
시키는 표현이며, 직업적 과업을 실현하는데 실패했
다는 것을 나타낸다. 즉, 직업을 갖지 못한다는 것
은 모든 사람에게 가장 참기 힘든 짐이라는 말이다.
사랑이나 친구들과의 관계에서 실패한 사람에게 무
직이라는 짐은 더 무겁게 느껴진다. 이러한 사람들
은 공동체와 연결 지을 수 있는 효과적인 방법을
모두 잊은 것이나 다름없다. 그들은 일터가 아니면
쓸모 있는 사람인지조차도 느끼지 못하게 된다. 그
들 중 몇몇은 사랑이나 우정을 쌓아가는 데 실패한
것을 변명하기 위해 과도한 직업적 목표를 세우기
도 한다. 병, 인원 감축, 정년퇴직과 같이 자신도 모
르는 사이에 일을 할 수 없게 되는 상황 때문에, 이
러한 사람들이 인간 공동체에서 추방되는 느낌을
받는 것은 지극히 당연한 일이다. 어떤 사람에게는
일요일이나 휴일이 이런 치명적인 결과를 가져다주
기도 한다. 일이 더 이상 에너지 발산의 수단으로
기능하지 못한다면 그들의 사랑과 우정에서의 실패
는 더 눈에 띌 것이다.

2. 사랑

오늘날 사랑에 관한 과업은, 직업과 관련된 과업과는 달리, 상대적으로 거의 충족되지 않는다. 반면 결함이 있는 사회는 이 과업에서 도피하려는 성향을 보인다. 그것은 도피의 결과가 삶을 유지할 기회를 차단하는 양상은 보이지 않기 때문이다. 반면에 사랑의 과업을 올바르게 충족시키려면 최대치의 공동체 의식이 필요하다. 왜냐하면 사랑은 두 사람 사이의 가장 각별한 접촉을 포함하고, 궁극적으로 협업을 위한 사람들의 능력을 시험하며, 직업이나 사회적 관계를 부수기 때문이다. 오늘날에는 사랑이라는 과업을 충족시키려면 특별한 어려움이 더 따른다.

사랑을 올바르게 충족시킨다는 것은 다른 성을 가진 상대방과 함께 이루는 정신과 마음의 융합, 그리고 완전한 형태의 협업을 의미한다. 이러한 문제를 해결하려면 상대방을 온전히 받아들이고, 그들 사이의 상호 의무감을 발달시켜야만 한다.

사랑은 왜 이루어지기 힘든가?

사랑이 과거보다 오늘날 이루어지기가 왜 더 힘든가? 그리고 왜 소수만 그 사랑에 성공하는가? 여기에는 몇 가지 이유가 있다. 사람들이 과거보다 오늘날 용기를 더 많이 잃은 것은 확실하다. 용기를 내고 싶은 욕망은 단지 경제적, 사회적 불안에 의해서만 생기는 것은 아니다. 오늘날 대부분의 가정이 핵가족이라는 현실에서도 비롯된다. 왜냐하면 자녀의 수가 적을수록 사고뭉치로 자랄 위험성이 더 크기 때문이다. 우리는 사람들이 낙담하면 할수록 그들이 생각하는 특권에 매달리려고 하고, 그것을 쟁취하기 위해 필사적으로 싸운다는 사실을 알고 있다. 오늘날 특권을 가지기 위한 양 성(性) 간의 싸움은 과거보다 더 잔혹하다. 남성과 여성 사이의 불균형이 지난 몇 년 사이에 더 급격해졌기 때문이다. 이전에는 한 성이 다른 성에 종속되어 있었다. 억압은 항상 저항을 불러오기 때문에 이러한 성의 불균형은 늘 충분히 심각한 상황을 불러왔다. 그럼에도 불구하고 남성 우월주의는 남성들 간의 단단한 결속으로 굉장히 평온한 상태를 유지하였다. 그 결과 여성은 인생의 무대에서 늘 2인자로, 단역으로 살아야 하는 운명에 굴복해야만 했다. 하지만 인간사회에서 문명의 탄생과 함께 존재했던 남성 우월주의는, 지난 10년간 경제, 사회, 정치 제도가 변하면서 약화되었다. 이것은 여성에게 종속적인 역할을 거부할 수 있는 기회를 제공해주었다. 모든 남성과 여성은 융통성 없는 시스템이 부여한 역할을 가지는 대신, 상대방과의 관계에서 스스로의 자리를 차지하게 되었다. 여성은 과거 남성에게 복종했던 삶에 대한 과잉보상으로 우월성을 가지려고 노력하지 않는다. 그들은 이제 남성과 같은 권리를 가지고자 한다. 남자는 그의 성과 함께 부여받은 것으로 간주했던 우월주의를 잃을까봐 두려워한다.

그래서 남자와 여자는 현실상 더 이상 아무 연관이 없는 남성 이상주의를 뒤쫓아 달리고 있다. 그들은 자신들의 가치를 평가하고, 그들의 모습이 어떤지, 어떤 일을 하는지 표현하게 된다. 어린 시절 확립시켜 두었던, 우리가 쭉 보아왔던 남성 우월주의를 기준으로 말이다. 이러한 기준은 남자들의 절대적인 독재가 이루어졌던 시기에만 관련된 것일 뿐, 현재의 상황과는 조금도 맞지 않는다. 많은 사람들은 자신의 생각을 남성 이상주의와 비교했을 때 너무 불리하기 때문에 강한 '*남성적 저항*'을 갖게 된다. 이러한 남성적 저항은 파트너 사이의 협업을 서로 심각하게 방해한다. 오늘날 여성들은 자신들이 해왔던 성적 역할에 훨씬 더 자주 격렬하게 저항한다. 왜냐하면 과거에는 여성들의 권리가 거의 없었고, 남성에게 복종해야 한다는 성적 종속감에 엄청나게 시달려야 했기 때문이다. 남자들 역시 그들의 남자다움과 결혼에 대한 의심뿐만 아니라, 그들이 자주 배반한 깊은 사랑에 대한 공포로 어느 때보다 더 고통 받는다.

성생활에 대한 태도는 수치심이다.
남자와 여자의 특권 다툼에서 일어날 수 있는 사랑 과업의 문제와 함께 우리는 성생활에 관한 문제를 찾아볼 것이다. 하지만 성생활에 관한 문제는 앞의 문제들과는 굉장히 다른 독립적인 요소임은 분명하다. 아주 극소수의 사람만이 성생활에 관한 문제를 다른 생물과학적 문제처럼 자연스러운 태도로 받아들인다. 성생활과 관련하여 아주 널리 퍼져있는 두려움은 이미 결함이 있던 남자와 여자의 동료관계를 더 약화시킨다는 것이다.

성생활에 관한 사고방식이나 태도에 자연적인 토대
가 있을까? 사람은 근친상간을 반대하는 문명화된
사회에서 살아갈 책임이 있다고 한 프로이드의 생
각은 이미 잘 알려져 있다. 적어도 성생활에 대한
사람들의 태도가 수치스러움으로 특징지어지는 것
은 사실이다. 수치심은 그 자체로 특정한 자연적인
절차에 의미를 부여한 것이다. 그것은 양육이 아니
면 가져올 수 없는 분명한 결과이다. 자연적으로 생
긴 수치심이란 존재하지 않는다. 만약 자연적으로
생긴다면 수치심에 대한 동기는 사람들마다, 연령대
마다 다르지 않을 것이다. 수치심은 특정한 법칙이
나 규칙의 존재를 전제로 하고, 그것을 보장하고 있
는 의식을 전제로 삼고 있다. 교육자들은 아이들에
게 이미 세워진 법칙들에 복종하는 법을 가르치려
고 한다.

양육의 목적은 바꾸는 것이다.
수치심의 목적과 기원은 사람들이 정화의 기능에
대해 갖는 시각과는 분명히 구별된다. 아이들이 문
명화된 삶에 잘 적응하려면 깔끔하게 생활하는 버
릇들을 익혀야한다. 처음에는 소화기능을 잘 조절하

지 못하지만, 자연스럽게 그 기능에 관심이 생기게 된다. 양육의 목적은 이러한 모든 것들을 바꾸는 것이다. 교육자들은 대사기능과 신체기관들에 구역질 나는 부분이 있음을 아이들에게 상기시키려고 한다. 이런 방법은 그 자체만으로도 교육자들이 아이들에게 아주 쉽게 알려줄 수 있는 방식이다. 이는 그들이 잘못된 양육방식을 통해 자랐기에 이런 방법이 익숙하기 때문이다. 그래서 그들은 아이들에게 '윽, *지저분해! 끔찍해! 아니, 그건 정말 좋지 않아! 역겨운 것이야!* 라고 말을 한다. 교육자들이 아이에게 깨끗한 습관을 더 쉽고 교묘하게 가르칠수록, 신진대사 기능에 대해서는 덜 강조하게 되고, 배변과정에 대해서는 점점 더 강조하게 된다.

부모에게 반항하고 불만을 가지고 있는 아이들은, 깨끗한 생활을 가르쳐주고자 하는 부모의 노력을 좌절시키고 싶어 한다. 교육자들은 이러한 아이들에게 역겨움과 관련된 용어와 표현을 더 쉽게 사용한다. 이것은 아이들이 궁극적으로 배우게 되는 깨끗한 습관들이 수치심과 깊이 결속되는 결과를 불러온다.

혐오감은 반항하는 자들의 특징이다.

수치심은 혐오감과 비슷하다. 그런데 그 혐오감이 사회의 규칙에 반항하려고 하는 사람들의 특징이라는 것은 주목할 만하다. 수치심과 혐오감은 아이들이 양육을 통해 참아야 하는 압박감에 대한 반항을 나타낸다. 이와 같은 감정들은 특정한 과업에서 더 멀리 도피하려는 변명으로 사용할 준비가 되는 것이다.

수치심과 혐오감의 긴밀한 동일성은 배변과 성적인 기능을 관련짓고, 배변에 대한 격렬한 열망을 성적 중독의 한 부분으로 여기는 오류의 기원이 된다. 이러한 욕망은 배변활동을 너무 심하게 강조할 때 형성된다. 그러므로 배설기관과 성 기관을 수치심과 도피처로 여기는 경향은 전적으로, 그리고 확실히 배변활동의 문제를 복잡하게 만든다. 하지만 왜 사람들은 이렇게 강한 외형적인 점검에 그들의 성생활을 종속시켜야만 할까?

수치심은 남성지배의 수단이다.

우리는 수치심에 대해 특히 더 엄격한 법을 가지고 있는 이슬람교도들의 예를 알고 있다. 그와 동시에 우리는 그 사회에서는 여성들의 권리가 거의 박탈되어 사실상 노예처럼 살고 있음을 알아야 한다. 최근까지만 하더라도 여성에 대한 남성의 지배는 이슬람교인들 사이에서처럼 이토록 뻔뻔스럽게 이루어지지는 않았었다. 이것은 우연의 일치만은 아니다. 한 성이 다른 성에 종속되는 것은 특별히 더 엄격한 성 차별법과 나란히 나타난다. 그런데 그 법은 주로 종속되는 성을 압박하는 양상을 띠고 있다. 모계사회에서 남자들은 수치심을 가지도록 강요받았다. 지난 세기까지는 남성들도 현대의 여성들에게 부여된 것과 비슷한 겸손함을 가지도록 사회도덕을 통해 강요받았다.

사람들은 진짜 이유를 알지 못하기 때문에, 수치심이 여성들의 본성이며 새로 만든 법의 타당성에서 발생했다고 보고 있다. 여성들이 가졌던 더 큰 수치심이 여성의 어머니로서의 기능과 아무런 상관이 없다는 것을 분명하게 보여주는 오직 하나의 예는 오늘날 남성독재의 붕괴뿐이다. 여성에게 순종적인 자세를 취하라고 교육하지 않았던 모계사회에서도 여성들이 아이를 낳았던 것을 보면, 어머니로서의 역할과 수치심은 아무런 상관이 없음을 알 수 있다.

그러므로 사회가 여성들에게 요구하는 수치심은 여성들을 성적으로나 개인적으로 남성들에게 의지하게 만드는 하나의 수단임이 분명해진다. 처녀성의 요구나 결혼이 전제되지 않은 성행위의 금지를 통해 남자는 처녀인 여자를 자신의 권력 안에 두고자 한다.

수치심과 관련된 법은 오직 여성들만 유도한다. 물론 이것을 어떤 남자에게도 적용할 수 없다고는 말하지 않는다. 비록 남자들이 수치심을 덜 느낀다고 할지라도 말이다. 첫째, 남성은 항상 파트너로 여성을 필요로 한다는 사실에서 벗어날 수 없다. 둘째, 남성은 남편으로서, 아버지로서, 또 남자 형제로서 여성들을 존중하고 보호해야 한다. 그리고 마지막으로 그 자신이 한 여성의 아들이었음을 알아야 한다. 어머니의 수치심이 그가 성적인 지식을 습득하기 시작할 때 그를 혼란시키는 요인이 되기도 하지만 말이다.

문화는 남성들의 욕망의 실현이다.
성생활에 대한 사회적 문제가 완전히 남성과 여성 사이의 경쟁의식으로 변한 것을 보여주기 위해 수치심에 관해 긴 토론을 해볼 필요는 있다. 남성과 여성의 권리평등을 지지하는 느낌이 더 강력해질 때, 수치심은 상대적으로 성적인 문제들을 덜 복잡하게 만든다. 이는 여성들을 종속시키고 그녀들의 권리를 박탈할 필요가 더 이상 없기 때문이다. 이미 이러한 문제들에 대해서는 공개적으로 많이 언급할 수 있게 되었다. 이 자체로도 수치심은 과거에도 현재에도 거의 일어나지 않는 근친상간의 위험과 아무런 상관이 없음을 보여준다. 더 나아가 이러한 위험은 실제로도 존재하지 않는다. 아이들은 그들의 부모와 성적인 관계를 맺을 필요가 없다. 건강한 부모들도 그러한 욕구는 가지고 있지 않다. 그러므로 문명화된 사회에서 사람들이 함께 살아간다는 사실은 성생활을 금하는 경향에 대해 책임을 지는 행위는 아니며, 그것을 체벌과 제재의 시스템을 통해 규제하는 것도 아니다.

문화는 이러한 경향에 대해 어떠한 책임도 짊어지지 않는다. 문화는 성생활의 순화가 아니다. 남성들이 나약함과 부적응을 극복하고자 하는 욕망의 실현이다.

소녀들의 남성 편견은 어린 나이에 형성된다.

권리의 평등이라는 목표에 더 가까이 다가갈수록 상대방의 성에 종속될 위험은 줄어들고, 자연과학의 다른 문제들과 같이 자연적이고 대담하게 그들의 성생활을 생각할 수 있게 한다. 인류는 여전히 모든 아이들에게 물들었던 성적인 모든 것에 대해 두려움을 느낀다. 무엇보다도 소녀들은 그들이 보고 들었던 것으로부터, 또 다른 사람들과 이야기했던 경험으로부터, 성생활이 특히 여성에게 더 위험하다는 인상을 쉽게 받을 수 있다. 성관계는 망신과 불명예의 근원이기도 하고, 모든 위험과 고통이 수반되는 임신의 이유이기도 하다. 이러한 이유에서 소녀들의 남자에 대한 편견은 아주 어린 나이에 형성된다. 많은 여성들이 그들 자신을 남자들의 욕구를 충족시키는 하찮은 존재라고 생각한다. 성생활을 통해 남자들은 오직 즐거움만 취하려고 하고, 여자들은 상처만 입게 된다는 잘못된 생각을 가지게 된다.

10대들은 항상 이렇게, 앞날의 삶과는 꽤나 멀리 떨어져 있는, 잘못 성립된 생각들을 계속해서 형성해 낸다. 어렸을 때 삶에 적응하기 위해 배웠던 모든 종류의 지식들처럼 이러한 문제들을 확대 해석하는 경향이 있다.

결합에 대해 남성들이 여성보다 더 두려워한다.
만약 교육자들이 성생활에 대한 두려움을 갖고 있지 않다면, 아이들에게 성생활이 어려운 과업이라고 상기시킬 필요가 없다. 그들이 할 일은 아주 어린 나이, 아마 서너 살쯤에, 할 수 있는 질문들에 대해 알아듣기 쉬운 말로 설명을 해주는 것이다. 그들이 아이들의 질문에 충실히 답을 한다면 그들의 설명은 자연스럽고 쉽게 이루어질 것이다. 아이는 그 문제에 대해 자신이 이해할 때까지 계속해서 질문을 할 터이니 말이다. 게다가 성 생활에는 세 가지 어려움이 있다. 더 우월한 남성적 역할을 수행할 수 있는 능력이 남자나 여자 둘 다에게서 발현될 수 있다는 의구심을 불러일으키는 남성적 저항과 성생활에 대한 두려움, 그리고 사랑하는 것을 방해하는 것이다. 즉, 결합에 종속되는 것에 사람들이 어려움을 느낀다는 것이다. 어린 시절 강요나 의존에 분노했던 사람이라면 누구든, 자유와 독립이 개인에게 안정적이고 지속되는 느낌을 준다고 생각하기 쉽다. 그리고 자신이 약하다고 자각하는 모든 사람들은

그들의 약점이 드러날 수 있는 가까운 결합을 두려
워하는 경향이 있다. 남자들은 그들이 더 우월한 역
할을 해야 한다는 기대를 한 몸에 받는다. 하지만
그것을 잘 해낼 수 있을 거란 확신이 없기 때문에,
결합에 대해 오늘날 여성들이 느끼는 것보다 더 많
은 두려움을 느낀다. 그런 반면에 여성들은 남성이
가진 성격의 전체적인 항복을 요구한다. 그리고 그
러한 굴복의 가치를 과대평가한다. 왜냐하면 그녀들
은 그것을 희생에 대한 서약이나 통행권처럼 바라
보기 때문이다. 그리고 그 보상이 필요하다고도 생
각하기 때문이다. 그래서 성을 즉, 그 결합 문제의
초점을 서로에게서 얻고자 하는 대가에 대해 논쟁
하는 것으로 돌리고 있다. 특히, 지대한 영향을 가
져올 결과와 관련된 결합, 다시 말해 결혼은 종종
남성들보다 여성들에게 더 큰 사회적, 경제적인 이
점을 준다는 것을 증명한다. 누군가에게 온전히 속
해있길 원하는 것은 질투로 분명히 표현할 수 있다.
질투는 사랑의 사인이 절대 아니다. 그것은 그저 다
른 사람을 잡지 못하는 것에 대한 두려움만 나타낼
뿐이다.

처녀성은 성생활과 관련된 문제들로 복잡해졌다.

오늘날 처녀성의 역할은 결합에 의해 요구되는 실제 또는 상상의 희생, 그리고 성생활과 관련된 특별한 문제들에 의해 복잡해졌다. 사회가 더 이상 과거와 같이 여성들에게 순결을 요구하지 않음에도, 처녀에서 성숙한 여성으로 이어지는 이해는, 여전히 많은 여성들에게 설명할 수 없는 문제로 남아있다. 그들은 온전한 여성으로 거듭나는 것에 대해 두려움을 느낀다. 물론 이것은 아이의 양육 문제와 성생활에 대한 태도의 문제, 둘 다에서 비롯되는 것이다. 처녀성을 잃는 것에 대한 두려움은 특히 성과 관련된 모든 것을 야만적이라고 생각하는 여성들에게 깊이 자리 잡게 된다. 그녀들은 월경과 같이 진정한 여성으로 거듭나는 징후들에 분개한다. 이러한 분개는 월경 장애와 월경 전 증후군 같은 것을 유발시키는 원인이 된다. 반면, 남성은 처녀성을 더 이상 존경할 만한 것으로도, 여성들에게 가치 있는 자질로도 바라보지 않는다. 물론 이것은 남성이 책임감으로부터 도피하기 위해서이기도 하고, 여성이 남성과 너무 단단한 유대관계를 맺는 것에 두려움을 느끼기 때문이기도 하고, 과거와 달리 남자들이

더 이상 여성의 첫 남자로서의 역할을 하고 싶어
하지 않기 때문이기도 하다. 그러므로 그는 남성 우
월주의의 가장 특징적인 부분을 자발적으로 포기하
기도 한다.

사랑은 개인에게 용기를 요구한다.

이때까지 언급된 관점에 따르면 사랑이 왜 만족할
정도로 충족될 수 없는지 이해하기는 쉽다. 사랑은
개개인의 역할에 많은 용기를 요구한다. 이러한 이
유에서 많은 사람들의 사랑은 실질적인 해결로부터
도피하려고 하고, 결혼한 사람과 결혼하지 않은 파
트너 사이에 무수히 많은 잘못된 실험들과 불확실
한 준비들이 이루어지게 된다.

사람들은 사랑하고 싶은 파트너를 고를 때에도 용
기를 내고 싶은 욕망을 드러낸다. 우리는 무책임한
충동 때문에 우리가 생각하는 것처럼 사람들이 통
제되지 않는다는 것을 깨달으며, 그저 어떻게 사랑
의 감정이 커지고 작아지는지 바라볼 수밖에 없다.
사람들은 쉽게 감정과 이성 사이의 모순에 속는다.
이성을 통해 의도를 정당화할 수 없다면 감정과 이
성은 서로 양립할 수 없고, 사람들은 감정에 기대게

된다. 이것은 의지와는 별개인 것처럼 보이므로 사람들은 의도를 제외시키면서 책임감을 피할 수 있다. 성생활은 방향성이 없는 본성이다. 그 방향성은 전적으로 개개인이 선택하는 목표에 달려있다.

불륜은 진정한 결합이 불가능할 때 저지른다.
많은 사람들은 행복하지 않은 불륜을 저지르게 된다. 그 이유는 주로 그들이 진정한 결합이 불가능한 상황에서만 사랑에 빠질 수 있기 때문이다. 그들은 사랑이라는 과업을 달성하기 위해 한 걸음 내딛는 것 같은 인상을 주곤 한다. 실제로 그들은 그렇게 행동할 의도가 없다. 그들은 그들이 어떤 방면에서 잘못을 저지르고 있다는 것을 인정하기보다는 오히려 자신들이 감정의 피해자인 척한다. 자신과 자신의 욕망 사이에 존재하는 운명의 피해자인 것처럼 말이다. 욕망과 감정은 진정한 해결책의 지시를 최소한으로 받을 때 가장 강력해진다. 짝사랑이나 실제로 이뤄지는 것이 전혀 불가능해 보이는 사랑처럼 열정적인 사랑은 없다. 가장 거칠고 에로틱한 상상은 결합에 대한 모든 가능성을 피하고자 하는 불안한 사람들의 마음을 채워준다. 공상 안에서 그들은 실제 삶에서는 절대 하지 않을 일들을 반복한다. 반면에 그들의 감정은 보통 그 소원들이 이뤄질 수 있는 것임을 깨닫자마자 감소한다. 이러한 면에서 그들은 교묘하게 결합의 훈련에 저항하고, 현실을 도피하려는 방법으로 그들의 감정을 이용한다. 종종 사랑이라는 감정은 가까운 결합의 위험이 발생하면 함께 사라진다. 거리를 두고자 하는 욕망은 다른 파트너를 떼어놓는 원인이 되기도 한다. 이것이 결혼 전에는 유지할 수 있었던 거리가 함께 살면서 필연적으로 줄어들게 될 때 결혼 안에서 발생하는 사건이다.

감정의 거리를 두기 위해 사용하는 방법 중 특히 뚜렷한 예는, 동시에 한 사람 이상에게 기우는 감정을 느끼는 경향에서 찾을 수 있다. 이것은 때때로 사람이 두 가지 인성을 지니고 있다는 관점을 뒷받침해주는 주장으로 이어지기도 한다. 그러나 많은 사람들이 한 사람에게선 신체적인 이상을 찾고, 다른 사람에게서는 정신적인 이상을 찾는 이유는 따로 있다. 그들이 다른 사람들에게 완벽한 충족을 주지 못하기 때문에 다른 이의 절반만 이해하기로 마음먹은 까닭이다. 결혼을 한 후 거리를 두고자 하는 경향은 제 3자에게 느끼는 급작스러운 열정으로도 표현할 수 있다. 돈 주앙 타입의 사람은 이전의 관계를 끝내기 위해 매일 새로운 사랑의 감정을 이용한다. 이것은 돈 주앙과 그 상대방이 부적절한 파트너를 가지고 있다는 죄책감을 극복하는 데에 빚을 지고 있는 건지도 모른다.

성적 도착은 사랑의 도피 방법이다.

특히 모든 성적 도착은 사람들이 사랑을 피하기 위해 어떻게 잘못된 선택을 하는지 보여준다. 긴 훈련과 준비는 사람을 이러한 성적 도착에 다다를 수 있게 만들어 주며, 대상에 대한 성적 욕망에 익숙해지게 만든다. 이것은 결국 자연스러운 사랑을 하지 못하게 만들어버린다. 이와 같이 사랑의 감정을 느끼지 못하고, 사랑할 사람을 찾을 수 없다고 주장하는 사람들은, 그들이 사랑을 하는 일에서 도피하고 있음을 보여준다. 사랑의 선택이 성공하여 결혼으로, 혹은 결혼은 아니지만 하나의 결합으로 이어진다고 하더라도, 그 관계의 다음 단계는 종종 그 선택이 얼마나 그릇된 것인지를 보여준다. 사람들이 그들의 잘못 때문에 파트너에게 주로 선택을 전가

하고, 가치를 맡기는 것은 드문 일이 아니다. 그럼
에도 불구하고, 그 사실을 부인하는 것은 물론이다.
이것을 통해 사람들은 나중에 파트너에게 모든 책
임을 전가시킬 수 있게 된다. 그러므로 많은 사람들
은 지속되는 사랑을 찾는 일에 자신감을 갖지 못한
다. 유년기 때 사랑이 얼마나 힘든 일인지 알게 된
다면 그들은 자신들을 더 믿지 못하게 된다. 함께
잘 살지 못하는 부모 아래서 자란 아이가 이 과업
을 과대평가하는 것은 당연하다. 그들의 경솔함으로
인해, 우월성과 안정감을 가질 수 있는, 자신들의
욕망을 채워줄 누군가를 찾게 되고, 그에게 자신의
사랑을 준다. 의존하고 싶어 하는 아내를 책망하는
남자는 자신들의 우월성을 드러낼 수 있기 때문에
그녀를 아내로 선택했을 것이다. 또 아내가 너무 능
수능란하고 압도적인 성격을 지니고 있음을 불평하
는 남자는 그녀가 그를 돌봐줄 수 있고 자신의 어
깨에 실린 책임감을 없애줄 수 있기 때문에 그런
여성을 선택했을 것이라고 우리는 확신할 수 있다.

사랑을 피하는 병은 신경증의 한 형태이다.
또한 사람들은 병을 감추기 위해 결합을 피하거나

결합이 완성된 후 거리를 두고자 한다. 사랑을 피하는 유형의 병은 발기부전이나 성 불감증 같은 증상을 포함한다. 그런데 이것들은 신체의 유기적인 병이 아니라 신경증의 한 형태이다.

다른 성을 가진 파트너를 받아들이는 용기는 사랑의 실현을 위해서는 필수적이다. 이것은 '*사랑은 무엇인가?*'란 질문에 답을 제시하고 있다. 파트너에 대한 욕망과 수용은 본질적으로 서로 같다. 만약 서로가 상대방의 욕망을 일깨우고 받아들일 수 있다면, 그것은 사랑의 실현으로 향하게 된다. 후퇴할 수 있는 길을 열어놓지만 않는다면 말이다. 그렇게 되면 파트너는 하찮은 존재로 여겨지는 것이 아니라 동료로서 받아들여지게 된다. 사랑은 두 사람을 위한 일이다. 두 사람이 완전히 서로를 이해하게 되면 문제는 해결된다.

3. 우정

모든 인간사회와 관계를 맺는 사람은 아무도 없다. 개개인은 몇 명의 사람들과 연락을 한다. 그리고 전

체 공동체를 향한 자신의 태도를 그들과의 관계에
서 보여주게 된다. 가족들과 동료들과는 어떻게 잘
지내는지, 많은 친구를 가지고 있는지, 그리고 다른
사람들과의 사회관계를 즐기기는 데 어려움이 있는
지를 한 번 알게 되면 우리는, 그의 인성을 파악할
수 있는 핵심을 알게 되고, 그에게서 무엇을 기대할
수 있을지도 알게 된다. 사람은 사회관계를 구축해
야 하며 매일의 욕구를 충족시키기 위하여 다른 사
람들과 매일 연락을 취해야 한다. 다른 사람을 대하
는 방법은 그 사람이 지닌 공동체 의식의 질을 알
수 있는 가장 믿을만한 지표이다. 공동체 의식이 비
교적 발달하지 못한 많은 사람들은 상대적으로 직
업적 과업을 실현한다. 반면에 공동체 의식을 기본
적으로 어느 정도 가지고 있는 사람들은 오늘날 사
랑의 과업을 이루는데 어려움을 겪는 편이다. 개개
인이 가지는 사회적 관계는 공동체에 대한 그 사람
의 태도를 정확히 반영한다. 직업의 과업과 같이 이
사회적 과업에 대해선 강제로 외부의 압력을 넣지
못한다. 반면에 이 과업은 보통의 인간관계보다 더
깊게 들어가야 했던 사랑의 과업보다 복잡하지는
않다. 모든 사람은 우정을 형성할지, 또는 어느 정

도의 우정을 형성할지, 친구들과 잘 지낼 수 있도록
자기 자신을 변화시킬지, 혹은 무리에서 떨어져 홀
로 있을지를 자유롭게 선택한다. 사람은 이러한 문
제에 대해서 자발적으로 그 자신의 판단을 이용한
다. 그러므로 우정이라는 과업의 이행은 공동체 의
식의 정도를 측정하는 가장 좋은 기준이 된다.

의지가 약한 사람은 먼저 변명을 한다.
물론 사회적 관계를 가질 의지가 박약한 사람은, 다
른 인생의 과업에서 실패했을 때와 똑같이, 양심의
가책을 느끼기 전에 먼저 자기 자신에게 변명을 한
다. 그들은 잘못된 행동을 다른 사람의 탓으로 돌린
다. 그는 자기 자신보다 다른 사람들이 더 나쁜 사
람이라고 생각하고 싶어 한다. 더 이기적이고, 더
호감가지 않고, 지내기에 더 어려운 사람으로 말이
다. 다른 사람들과 자신을 비교했을 때 어떤 종류의
결핍이라도 자신에게 있다고 깨달은 사람들이 이러
한 태도를 취한다. 그리고 그들은 다른 사람들과 보
조를 맞추거나 경쟁할 수 없다고 생각한다. 그들은
심지어 다른 사람들의 실패를 좋은 기분, 온화함,
혹은 좋은 자질의 결과로 돌리면서 열등함에 대한

선을 만들어내기도 한다. 마침내 그들은 '*영광의 고립*'의 상태에 틀어박히게 된다. 다른 사람들은 더 나은 대우를 받을 가치가 없다고 생각한다. 그렇기 때문에 다른 이들과의 관계를 끊어내는 것이 가치 있는 일이라고 생각한다.

공동체에 대한 적대심은 윤리에 가려져 있다.

공동체에 대한 적대심은 허구의 윤리성과 철학적인 이념들 밑에 가려져 있을 수 있다. 공동체에 반대하는 작은 파벌이 그들 자신의 폐쇄성을 깨닫는 것은 드문 일이 아니다. 올바르게 발전된 공동체 의식은 모든 작은 그룹을 넘어서는 큰 공동체가 필요하다는 사실을 깨닫게 할 준비가 되어있다. 작은 규모의 그룹은 대개 이기적인 관심에 의해 작동된다. 그리고 신경증 환자가 다른 사람들의 반대편에 자신을 놓는 것과 같은 양상을 보이기도 한다. 가족 간의 결속은 주로 공동체에 대한 적대적인 감정을 강화시키기도 한다. 사랑의 결합은 부모가 다른 사람에 대해 가지는 흔한 적대감에서 발전할지도 모른다. 사랑은 사랑의 문제에 완벽한 해답을 제공하는 것처럼 보이는 결합일지는 모르지만, 더 넓은 사회 결합에 대한 문제를 해결하기 위해 만들어진 것은 아니다. 이러한 유대관계가 얕은 결속은 더 큰 인간 공동체에 대한 적대심이 원천이 되어 나타난다. 이것은 범죄자들이 인간 공동체를 벗어나 그들끼리만 형성하는 결속의 모습을 떠올리게 한다.

타인에 대한 관심은 문제이해를 위한 노력이다.
다른 사람들에 대한 관심은 또한 더 큰 단위의 그룹에 대한 전반적인 문제들을 이해하기 위해 노력하게 만든다. 그러므로 정치에 대한 개인의 태도는 동료들에게 향하는 그 사람의 전형적인 태도이기도 하다. 모든 정치적 문제에 대해 냉담한 반응을 보이고, 공동체 문제에 대해 실질적이고 긍정적인 어떠한 태도도 보이지 않으며, 존재하고 있는 어떠한 정치적 움직임도 지지하지 않는 사람들은, 전체적인 문제에 대한 관심부족을 보여주고 있는 것이다. 그는 정치적인 프로그램들이 불충분하고, 정치적인 삶이 모순과 오용으로 가득 차 있다고 변명할 수 있다. 그가 진정으로 공동체 의식을 가지고 있다면 기꺼이 다른 사람들과 협업하고자 한다. 비록 자신이 생각하는 방법으로 일이 진행되지 않는다고 하더라도 말이다. 우리는 우리의 관점과 완벽히 일치하는 사회, 움직임, 사고 체계를 찾을 수는 없다. 끊임없이 자신이 다른 사람들과 다름을 강조하고, '*다름*'을 가장 중요한 것이라고 생각하는 사람들은, 다른 사람들과 협업할 수 없을 것이다. 개인주의자들은 그들의 이성과 자신들의 논리에 따른 감정적 결론에 다다르게 된다. 그리고 그것은 사실 다른 사람들에 대한 적개심과 전체 사회에 대한 적개심에 기반을 둔 것이다.

내성적인 성격은 과장에 의해 가려질 수 있다.
내성적인 성격이, 다른 속임수에 의해 쉽게 가려지는 것과 같이, 사회관계에서도 과장에 의해 쉽게 가려질 수 있다. 정치와 다른 분야에 대해 굉장히 적극적인 사람들은 사회적 이익보다 권력을 행사하고 싶은 욕망에 의해 움직인다. 과도하게 사회적인 사람들은 사실은 외롭고 고립된 사람들이기도 하다. 심지어 겉치레로 친절한 사람 역시, 다른 사람들이 그들이 어떤 것을 좋아하는지 어떠한 유추도 할 수 없게 만들 수 있다. 그들의 마음 깊숙이에는 자신들의 생각, 감정, 갈등, 문제들을 숨겨둔 채 말이다.

그 사람은 가족이나 또래 집단과 같은 좀 더 뚜렷
한 인간관계에서 도망치기 위해 사교성으로 자기
자신을 숨기고 있는 것이다.

끝맺는 말

사람들은 개인 심리학의 가르침에 동의한다.

개인에게 책임을 묻는 순간 저항을 일으킨다.

절대적인 사실은 존재하지 않는다.

환자는 목표가 무엇인지 고백하지 않는다.

환자의 저항은 두려움의 표현이다.

진보한 자들의 희망은 인류가 함께하는 공동체다.

끝맺는 말

개인 심리학의 형성에 대한 단순한 진실을 파악한 이는 누구든지, 사람들이 왜 개인 심리학을 과소평가하고, 그것을 받아들이는데 왜 특정한 어려움들이 존재하는지 금방 알게 될 것이다. 개인 심리학은 복잡한 성격 형성을 연구하는 데 비교적 쉬운 일련의 수단들을 제공한다. 단순함은 공동체 의식의 근본적인 법칙, 또 그에 반대되는 중요성을 띄기 위해 모두가 얻고자 노력하는 근원인 열등감, 그리고 개인의 성격과 삶의 방식의 통합을 특징짓는다. 누구든 이러한 법칙이 인간 심리의 모든 활동들을 지배한

다는 사실을 믿기를 거부한다면, 그 사람은 근본적
인 법칙들은 복잡한 삶에 적용되더라도 항상 단순
한 본질을 띄고 있다는 사실을 간과한 것이라 할
수 있다. 뉴턴의 중력의 법칙만 생각해봐도 이것은
분명하다. 중력의 법칙은 무생물의 움직임에 관한
문제에 수많은 변수들을 가능케 했으나, 그 다양한
변수들은 근본적으로 같은 하나의 공식에서 추론되
는 것이다. 그러므로 알프레드 아들러가 발견한 근
본적인 법칙을 모든 심리학적 징후들에 적용시킬
수 있다고 해도 전혀 놀랄 것은 없다. 이러한 법칙
이 제대로 된 구실을 갖추는 데 실패했다고 고발하
거나, 본능에 의해 운영되는 부분이 이 책에서 집중
적으로 다루어졌다는 주장을 뒷받침하는 타당한 근
거가 얼마나 적은가?

사람들은 개인 심리학의 가르침에 동의한다.
이러한 모든 이의제기들은 더 깊은 중요성을 가진
다. 개인 심리학의 가르침이 모두에게 이해될 만 하
고, 개인적인 문제가 공격당하지 않는 한 많은 사람
들이 그 가르침에 동의까지 할 것은 분명하다. 사람
들은 개인 심리학의 연구 결과를 인정하지만, 자신

의 행동이 관찰당한다고 느끼는 순간 이의를 제기
하고 회의적인 생각을 품는다. 그런 사람들은 개인
심리학의 법칙들이 모든 것을 다 설명할 수는 없다
고 반박한다. 그러나 사람들이 다른 것에는 이의를
제기하는데 반해, 다른 사람이 받아들이기 어려운
어떤 주장에 대해서는 선뜻 찬성한다는 사실은 의
미가 있다. 인간의 본성을 깊이 탐구해본 사람이라
면 누구든 이것을 이해하는데 어려움이 없을 것이
다. 모든 사람들은 삶의 계획과 다른 것들을 거부하
는데, 이것은 책임감 인식을 동반한다. 이것이 인간
이 장착한 장비와 본능들의 중요성을 사람들이 끊
임없이 특별히 강조하는 이유이다.

개인에게 책임을 묻는 순간 저항을 일으킨다.
우리의 비평가들은 환자들처럼 행동한다. 환자들은
개인 활동의 법칙이 일반적인 방법으로 제시될 때
는 어려움 없이 그에 동의한다. 그러나 어떤 과학적
인 서술이 개인에게 적용되려고 하는 순간 그들의
이해는 중단되어버린다. 그리고 우리의 주장이 갖는
논리를 더 이상 거부할 수 없게 될 때, 그들은 마지
막 수단으로 자신의 관점을 이렇게 설명하려고 한

다. '사실 당신이 말하는 모든 것은 사실입니다. 그
러나 모든 것이 그러하듯 고려되어야 할 다른 무언
가가 분명 존재합니다.' 이러한 태도는 심지어 특정
한 증상들이 일어나는 것을 멈추도록 확실한 치료
를 받은 이후의 환자들에게서도 관찰된다. 개인 심
리학 법칙의 예외로 간주되는 5퍼센트의 환자들은
새로운 형태의 어려움들에 직면할 때마다, 과거의
오래된 질병의 빌미들과 불능으로부터 멀어질 수
있도록 노력한다. 이러한 사기의 폭로만이 개인적인
책임감과 아무런 상관없는 허구의 잔류를 소멸시킬
수 있게 만든다.

그러므로 일반적인 논의에서와 정신요법치료 면에
서 개인 심리학은 모두 개인의 책임감을 사실로 수
립하는 순간 가장 격렬한 저항을 일으킨다. 개인 심
리학이 제공하는 지식은 다른 가르침들처럼 편안하
지 않다. 개인 심리학은 개인의 성격을 결정짓는 요
인들에 유전, 신경계에서 발생하는 유기적 변화, 본
능의 발달, 외부적인 상황과 환경, 그리고 경제적,
사회적 부담이 있다는 사실을 포함한다. 스스로를
변명하는 사람은 누구든 항상 자신을 변호할 새로
운 기회를 찾는다. 받아들일 수 없는 개인 심리학의

서술들을 거부하기 위해, 항상 그 변명을 자신의 생
각과 반대되는 구조에 돌린다. 어떤 구조가 옳다고
누가 감히 말할 수 있단 말인가?

절대적인 사실은 존재하지 않는다.

객관적인 지식에 대한 물음은 형이상학의 유별나게
어렵고 복잡한 문제를 대표한다. 분명히 절대적인
사실이라고 말할 만한 것은 존재하지 않는다. 이성
은 인간이 자신의 선천적인 연약함을 극복하고자
생존을 위한 투쟁을 하는 과정에서 유래된 무기라
고 보인다. 그러므로 인간 개개인은 여전히 이성을
자신이 이루고자 하는 목적을 달성하기 위한 도구
로 사용하곤 한다. 서로 극명한 대립관계에 있는 과
학적 이론과 심리학적 이론이 서로 맞닥뜨렸을 때,
그 누구도 두 이론이 얼마만큼의 진실과 오류를 포
함하고 있는지 확신을 가지고 판단하지 못한다. 우
리는 우연한 기회에 어떤 아이디어에 대해 잘 알게
되기도 하고, 우리의 개인적인 견해와 일치할 수 있
기 때문에, 주관적으로 결론을 내리거나 특정한 호
의에 따라 의견을 정하기도 한다. 결국 모든 것은
우리가 가진 문제에 의해 결정되는 것이다.

환자는 목표가 무엇인지 고백하지 않는다.

따라서 우리는 개인 심리학과 다른 심리치료방법을 경험한 환자를 어떻게 치료하고 다루어야 하는지 알고 있다. 이러한 환자는 개인 심리학의 가르침을 환영할지도 모른다. 개인 심리학은 그에게 새롭고, 이전에는 이해되지 않을 것 같던 많은 면들이 개인 심리학을 통해 설명되기 때문이다. 그러나 이 환자가 곧 반기를 드는 순간이 온다. 사물을 보는 방식, 무언가를 꽤 다른 존재로 만들어버리는 방식이 틀리지 않을 수 있을까? 경험을 통해서도 알 수 있듯 이러한 태도는, 이제 우리가 환자들이 꺼리는 것이 무엇인지 밝히는 문제를 논의할 때가 되었음을 알려준다. 정신 심리학 역시, 치료에 대해 언급할 때 설명한 것처럼, 이러한 저항은 환자의 성적인 문제에서 비롯되는 것이 아니다. 환자가 자신의 책임을 인식하길 꺼려하는 데서 비롯되는 것이다. 왜냐하면 환자는 자신의 진짜 목표가 무엇인지 고백하길 원치 않는다. 그들은 왜 그 목적을 선택했는지, 그 목적이 무엇인지에 대해 알길 거부하기 때문이다. '개인적 감각'은 일반적 감각을 거부한다.

환자의 저항은 두려움의 표현이다.

물론 환자가 하는 저항의 근본적인 중요성이, 심리 치료사에게 어떤 것이든지 그가 옳다고 생각하는 것을 주장할 권리를 부여하는 것은 아니다. 그의 주장에서 생기는 모든 이의가 그가 옳다는 걸 증명해 주는 것도 아니다. 반대되는 시각들이 단지 그것들이 반대된다고 하는 사실 때문에 옳다고 증명되는 것 역시 아니다. 그러나 언급된 상황에 대한 공정하고 전문적인 관찰은 환자의 저항이 항상 두려움의 표현이라는 것을 보여준다. 그 두려움은 자신의 책임을 파악하는 것에 대한 두려움, 결정을 내리는 것에 대한 두려움, 그리고 안전장치를 포기하는 것에 대한 두려움들이다.

진보한 자들의 희망은 인류가 함께하는 공동체다.

개인 심리학자로서 우리가 옳은가 그른가를 논의하는 것은 우리의 몫이 아니다. 우리의 연구결과를 공정하고 열린 마음으로 탐구한 사람이라면 누구든, 그들의 논리에서 벗어나기 힘들 것이고, 일상의 모든 순간에서 그 논리를 확신할 것이다. 우리가 형이상학적 증거와 가설들의 문제를 검토하는 것은 소

용없는 일일 것이다. 그러한 논의는 실질적인 삶과
는 크게 관련이 없다. 우리가 환자들, 선생들, 그리
고 누구를 다루든지 우리가 할 수 있는 한 가지 일
은 이성, 상식, 그리고 양심에 호소하는 것뿐이다.
우리는 가장 진보된 마음이 개인 심리학과 같은 길
을 걸어가며 작용되는 것이란 점을 알고 있다. 또한
우리는 모든 진보한 사상가들이 모든 인류가 함께
하는 실질적 공동체를 찾고자 하는 희망을 공유한
다는 것을 알고 있다. 사람들을 높고 낮은 계급으로
나누는 것이 아니라, 그저 동료로, 함께하는 사람들
로 생각하게 된다는 희망 말이다.

알프레드 아들러와 개인 심리학

알프레드 아들러(Alfred Adler 1870. 2. 7~1937. 5. 28)

1870년 2월 7일 오스트리아의 빈 인근의 루돌프샤인에서 곡물상을 하던 헝가리 계 유태인의 둘째 아들로 태어났다. 어렸을 때 폐렴에 걸려 죽을 고비를 넘겼고, 동생 또한 병으로 죽자 의사가 되기로 결심한다. 빈 대학에서 의학을 공부한 후 1895년 의사가 되었다.

정신 의학자로 '개인 심리학'을 수립하였으며, 인간의 행동과 발달을 결정하는 것은 인간존재의 보편적인 권력에 대한 의지, 즉 열등감에 대한 보상욕구라고 생각하였다.

주요 약력

1902~1911년 빈 정신분석협회 회원

1910년 빈 정신분석협회장

미국 컬럼비아대학 초빙교수

미국 롱아일랜드대학 의과대학 교수

주요 저서

<신경쇠약의 특색에 관하여 Über den nervö sen Charakter> 1912

<개인 심리학의 이론과 실제 The Practice and Theory of Individual Psychology> 1924

<삶의 과학 The science of Living> 1929

<의미 있는 삶 What Life Could Mean to you> 1931

<인간 본성의 이해 Understanding Human Nature> 1927

아들러와 개인 심리학

1902년 아들러가 프로이트의 <꿈의 분석>을 서평한 계기로 프로이트가 주최하는 정신분석학회인 '수요모임'에 초대되어 융 등과 함께 활동하였다. '수요모임'은 훗날 '빈 정신분석협회'로 발전하였고 1910년 협회장이 되었다. 그러나 프로이트와 학설상의 이견을 보여 결별하고, 1912년 8명의 회원들과 탈퇴, '개인 심리학회'를 결성하였다. 그리고 연구 활동의 결과로 <신경증 기질 The neurotic Constitution>을 발표하였다. 1차 세계대전이 끝난 후 빈을 중심으로 아동 정신병원 22곳을 열었으나 아들러가 유태인이라는 이유로 1932년 강제 폐쇄되었다. 1927년 이후 미국 컬럼비아대학 초빙교수를 역임하고, 유럽과 미국에서 여러 차례 대중 강연을 한 경력을 인정받아 미국 롱아일랜드대학 의과대학 교수직에 임명되었다.

그는 성(性)을 중시하는 프로이트의 설에 반대하여, 인간의 행동과 발달을 결정하는 것은 인간존재의 보편적인 열등감, 무력감과 이를 보상하려는 권력에 대한 의지, 즉 열등감에 대한 보상욕구라고 생각하였다. 나폴레옹은 키가 작았기 때문에 위대해졌고, 색약(色弱)은 간혹 대(大)화가를 만들어낸다는 '열등 콤플렉스'라는 용어를 고안해내기도 하였다. 신경증의 생성, 가정에서의 인간관계, 경쟁을 본질로 하는 현대문화 등에 관해서도 고찰하였다. 그의 이론에 의하면 개인의 성격형성은 힘이나 개인적인 강화욕구, 사회적 감정과의 일치욕구라는 두 가지 요소의 상호작용의 결과다. 그러므로 우리 인간 개개인은 두 가지 요소를 각기 다른 방식으로 받아들이기도 하고 거부하기도 하는 과정에서 각각의 독특한 성격이 형성된다고 보았다.

아들러가 생각하는 '개인'은 더 이상 쪼갤 수 없는 단위로서 하나의 통합된 유기체를 의미한다. 프로이트의 정신 속에서 무의식, 전의식, 의식으로 구분된 원 초아—자아—초자아로 나눈 것을 전면으로 반대하면서 프로이트와 결별하고, '인간을 개인 안에서 전체적인 맥락으로 보아야 한다고 주장한다.

아들러는 인간을 항상 목표를 정하고 스스로 창조해가는 능동적인 존재로 보았다. 개인의 창조력은 지각과 기억, 꿈까지도 조절이 가능하며, 자신의 존재와 행동에 대해 스스로 책임을 져야함을 분명히 했다.

아들러는 프로이트처럼 5세 이전에 성격이 모두 결정된다고 보았다. 즉 유년기 초기의 경험이 인간의 성격을 만들어낸다고 본 것이다. 그러면서 출생의 순서까지도 거기에 영향을 미친다고 주장하였다.

열등감이 심리상태와 성격형성에 영향을 미치며, '*우월성 추구*'라는 인간의 기본욕구를 강조한다. 세상의 모든 문제는 '*사회적 관심*'에 의해 발생한다고 보았으며, 사회적 관심은 공동체감, 소속감, 연대의식 등 사회의 구성원으로서 개인의 가치를 실현할 때 진정한 행복을 느낀다고 보았다. 인간은 삶의 방식을 정면으로 바라보겠다는 '*용기*'가 필요하며, 그 '*용기*'로 인해 삶의 방향을 바꾸고 미래를 개척해 나갈 수 있다고 본다. '*용기*'는 타인과 협력하고 사회적 관심을 표현해내는 능력이다. 따라서 '*열등감*'은 용기가 부족한 것이다.

'*용기*'있는 사람은 삶을 항상 직면하면서 바로 부딪치는 사람, 세상과 소통하고, 순순히 도전에 응하면서 진짜 삶을 살아가는 사람이다.

그는 이미 100여 년 전에 사회적 소통의 중요함을 설명하였으며, 진정한 치유는 사회적 유대감을 통해 사회에 관심을 갖고 타인을 배려하고 타인을 위해 나눔을 실천하는 것에서 시작된다고 가르쳐준다.

개인 심리학으로 심리학계의 유명인사가 되었고, 각국을 누비며 강연여행을 하던 중, 1937년 향년 68세로 스코틀랜드 애버딘에서 심장마비로 세상을 떠났다.